Louise Hay

VOM GLÜCK DES ALTERS

Positive Gedanken für
ein gesundes und langes Leben

Ullstein

Besuchen Sie uns im Internet:
www.ullstein.de

Allegria im Ullstein Taschenbuch

Neuausgabe im Ullstein Taschenbuch
Ullstein Taschenbuch ist ein Verlag der Ullstein Buchverlage GmbH, Berlin.
1. Auflage April 2020
2. Auflage 2020
© Ullstein Buchverlage GmbH, Berlin 2018

Dieses Buch ist eine Sonderausgabe verschiedener Bücher
von Louise Hay.
Alle Quellenangaben siehe auch Anhang S. 221 ff

© der Originalausgabe »Moments of Silence« 1993 by John C. Taylor
© der Originalausgabe »Life! Reflections on your Journey« 1995
by Louise Hay
© der Originalausgabe »You Can Heal Your Life Companion Book« 2010
by Louise Hay
© der Originalausgabe »Meditations to Heal Your Life« 2002 by Louise Hay
© der Originalausgabe »Empowering Women« 1997 by Louise Hay
© der Originalausgabe »You Can Create An Exceptional Life« 2011
by Louise Hay and Cheryl Richardson
© der Originalausgabe »The Power is Within You« 1991 by Louise Hay
© der Originalausgabe »Letter to Louise« 1998 by Louise Hay
© der Originalausgabe »You Can Heal Your Life« 1999 by Louise Hay
Übersetzung »Gesundheit für Körper und Seele«: Viktoria Renner,
Karl Friedrich Hörner, Thomas Görden
alle anderen Übersetzungen: Thomas Görden
Lektorat: Vera Baschlakow
Umschlaggestaltung: zero-media.net, München
© Innenillustrationen: Designed by Freepik S. 37, 56, 83, 132,
S. 137–143, 146/S. 7 @sergey_Kandakor-Freepik/S. 9+S. 104+
S. 118 @saravami-Freepik/S. 48 @dimas_sugih-Freepik/
S. 157 @stephanie2212-Freepik/S. 201 @rawpixel.com-Freepik
Satz: Keller & Keller GbR
Druck und Bindearbeiten: CPI books GmbH, Leck
ISBN 978-3-548-06131-3

Inhalt

Vorwort

Obwohl wir in einer Zeit leben, in der das dritte Drittel im Leben eines Menschen so viel mehr an Möglichkeiten bereithält, gehört das Älterwerden immer noch zu unseren größten Ängsten. Diese Furcht hat stellenweise eine solche Intensität erreicht, dass wir, statt uns von ihr zu befreien, unseren Alterungsprozess damit regelrecht beschleunigen. Ängstigen Sie sich nicht vor dem Altwerden, sondern begrüßen Sie jedes Fältchen der Reife mit Freude! Falten enthüllen die Schönheit und Weisheit eines intensiv gelebten Lebens. Sie spiegeln die Freude darüber, die Liebe zum Leben entdeckt und gelebt zu haben. »Fünfzig ist das neue Dreißig«, »Sechzig ist das neue Vierzig« sind Slogans, die uns in der Werbung, in Memoirs und Dokumentationen begegnen. Wenn Sie jedoch verzweifelt versuchen, sich an Ihre Jugend zu klammern, wird der daraus resultierende emotionale Stress die Faltenbildung nur beschleunigen. Und glauben Sie mir: Man sieht den Falten ihre Herkunft an. Entstanden sie vom Lachen und Leben oder aus Sorge und Zerknirschtheit? Nehmen Sie sich die Zeit, sich selbst als heil und gesund zu visualisieren. Ihre Vorstellungskraft ist eine größere Gabe, als Sie ahnen. Wenn Sie ständig vor dem Spiegel stehen und in Ihrem Gesicht nach Altersspuren suchen, werden Sie gewiss welche finden. Wenn Sie hingegen Ihre Zeit damit zubringen, die Freuden, die das Leben Ihnen schenken kann, zu genießen, werden Sie gar nicht dazu kommen, sich Sorgen zu machen. Dann wird Ihr Äußeres viel länger jugendlich bleiben. Die Fältchen der Liebe und des Lachens sind immer schön.

Ich bin im richtigen Alter
und strahle ewige Jugend aus.

Vergessen Sie nicht, dass auch einer gewissen Demut gegenüber dem Alter – vor allem gegenüber dem eigenen! – eine heilende Kraft innewohnt. Die Demut ist jene stille Weisheit, die es liebt und akzeptiert, an dem ihr angemessenen Platz einfach nur zu dienen, in dem Wissen, dass alle Dinge und Aktivitäten Geschenke des Lebens sind. Die Demut strebt nicht nach Anerkennung, ergeht sich nicht in hochmütiger Selbstgerechtigkeit und versucht nicht, eigenes Fehlverhalten zu rechtfertigen. Ihr Lohn findet sich nur im Inneren, denn sie gehört zur Essenz des Lebens. Jene, die sich die Demut zu eigen machen, werden in ihren Herzen Weisheit finden, denn die Demut ist das Wissen der Seele um ihr Einssein mit allem Lebendigen. Demütig zu sein bedeutet, auf Egoismus zu verzichten. Um demütig zu werden, muss man oft Schmerzen ertragen. Doch durch den Schmerz erlangt man Mitgefühl, Weisheit und inneres Wachstum. Der Schmerz kann ein großer Lehrer sein, doch die Demut erleichtert es uns, unser Alter anzunehmen. Die Demut befreit uns von Eitelkeit und Stolz und öffnet uns die Tür zu unserem Herzen, das Liebe verstehen und ausdrücken möchte.

Demütig und liebevoll diene ich dem Leben.

Die Exzellenten Alten

Über Generationen hinweg war es üblich, dass die Anzahl der Jahre, die ein Mensch auf diesem Planeten verbracht hatte, bestimmte, wie dieser Mensch sich zu fühlen und zu verhalten hatte. Und wie in anderen Lebensbereichen gilt auch hier: Was wir als geistige Wahrheit akzeptieren und glauben, verwirklicht sich in unserem Leben. Nun ist es aber an der Zeit, dass wir unsere Glaubenssätze bezüglich des Alters ändern. Wenn ich gebrechliche, kranke, ängstliche alte Menschen sehe, sage ich mir: »Das muss nicht so sein.« Viele von uns haben selbst erlebt, dass wir unser Leben ändern können, indem wir unser Denken ändern. Daher weiß ich, dass wir das Altwerden zu einer positiven, aufregenden, gesunden Erfahrung machen können.

Ich bin eine große, starke, gesunde Frau. In vielerlei Hinsicht fühle ich mich heute jünger als mit dreißig oder vierzig Jahren, denn ich fühle mich nicht länger dem Druck ausgesetzt, bestimmten gesellschaftlichen Erwartungen genügen zu müssen. Ich bin frei zu tun, was ich will. Ich richte mich nicht mehr nach der Meinung anderer, und es ist mir egal, was die Leute über mich reden. Dadurch bin ich heute viel zufriedener mit mir. Irgendwelche Gruppenzwänge spielen keine große Rolle mehr in meinem Leben. Mit anderen Worten: Zum ersten Mal in meinem Leben denke ich in erster Linie an mich selbst – und das ist ein gutes Gefühl.

Es gab Zeiten, in denen ich mein Verhalten an den Massenmedien und an sogenannten Autoritäten orientierte. Sie bestimmten, wie ich mich kleidete und welche Produkte ich kaufte. Damals glaubte ich tatsächlich, dass ich nur »akzeptabel« wäre, wenn ich all die vielen Produkte benutzte, für die überall geworben wurde. Eines Tages wurde mir klar, dass diese Produkte mich immer nur für sehr kurze Zeit akzeptabel machten, denn ständig kam wieder etwas Neues in Mode, dem ich nachlaufen musste. So verbrachte ich zum Beispiel Stunden damit, mir die Augenbrauen zu zupfen, nur um akzeptabel zu sein. Heute erscheint mir das alles ziemlich lächerlich.

Mit Weisheit altern

Weisheit besteht zu einem großen Teil darin zu erkennen, was gut und richtig für uns ist, sodann an diesen Überzeugungen festzuhalten und uns von allem anderen zu befreien. Damit meine ich nicht, dass wir uns Neuem verschließen sollten. Schließlich sollten wir immer bereit sein, dazuzulernen und uns weiterzuentwickeln. Aber es ist wichtig, dass wir die Spreu vom Weizen trennen und unsere eigenen Entscheidungen treffen. Bilden Sie sich grundsätzlich Ihre eigene Meinung, auch über das, was ich hier in diesem Buch schreibe. Selbst wenn ich meine Ideen für sehr wertvoll und nützlich halte, steht es Ihnen trotzdem völlig frei, anderer Ansicht zu sein. Greifen Sie nur das auf, was sich für Ihr eigenes Leben als hilfreich erweist.

Bedauerlicherweise werden wir vom ersten Tag an, den wir vor dem Fernseher verbringen, bis zum letzten Ausschalten mit Werbung und mit unsinnigen Behauptungen über das Leben bombardiert. Kleine Kinder werden gezielt mit Werbung berieselt, damit sie bei ihren Eltern um den Kauf bestimmter Süßigkeiten und Spielzeuge betteln. Das Fernsehen sagt uns von Kindesbeinen an, was wir begehren und kaufen sollen. Die meisten Eltern klären ihre Kinder nicht darüber auf, wie verlogen die Fernsehwerbung ist, wie viele Übertreibungen und falsche Versprechungen sie enthält. Wie könnten sie auch? Sie sind ja schon mit den gleichen marktschreierischen Fernseh-Lügenmärchen aufgewachsen.

So werden wir zu hirnlosen Konsumenten, kaufen, was man uns aufschwatzt, tun, was »sie« uns einreden. Und glauben, was wir in der Zeitung lesen und irgendwelche Experten und angeblichen Autoritäten uns erzählen. Bei Kindern ist das noch verständlich, aber als Erwachsene sollten wir all das kritisch hinterfragen. Wenn uns etwas unvernünftig erscheint und nicht wirklich unserem Wohl dient, dann sollten wir es entschieden zurückweisen.

Weisheit bedeutet zu lernen, Nein zu sagen. Weisheit ist die Fähigkeit, unsere Glaubenssätze und unsere Beziehungen zu anderen Menschen immer wieder zu überprüfen und nur das zu akzeptieren und zu tun, was wirklich unserem Besten dient.

Warum kaufe ich dieses Produkt? Warum tue ich diese Arbeit? Warum habe ich diese Freunde? Warum gehöre ich dieser Religion an? Warum sehe ich das Leben so? Warum habe ich diese Ansichten über Männer oder Frauen? Warum fürchte ich das Alter oder freue mich darauf? Warum gebe ich dieser Partei meine Stimme?

Vermitteln die Antworten auf diese Fragen Ihnen ein gutes Gefühl? Oder tun Sie manche Dinge nur, weil Sie es immer schon so gemacht haben oder Ihre Eltern es Ihnen so beibrachten?

Was erzählen Sie Ihren Kindern über das Älterwerden? Welches Beispiel geben Sie selbst ihnen? Sind Sie ein dynamischer, liebevoller Mensch, der gerne lebt und positiv in die Zukunft schaut? Oder sind Sie verbittert und ängstlich und erwarten, im Alter krank und einsam zu sein? Unsere Kind lernen von uns! Und ebenso unsere Enkelkinder. Helfen Sie ihnen dabei, eine positive Vision des Alters zu erschaffen, indem Sie selbst mit gutem Beispiel vorangehen?

Lernen Sie, sich selbst und Ihre Welt zu lieben, dann werden Sie optimistisch nach vorn blicken und jeden Augenblick Ihres Lebens auskosten. Damit geben Sie Ihren Kindern ein Vorbild, wie man bis zum letzten Tag ein glückliches, schönes Leben führt.

Lernen Sie, Ihren Körper zu lieben

Ein Kind, das kein ausgebildetes Selbstwertgefühl besitzt, wird immer Gründe finden, den eigenen Körper nicht zu mögen. Wegen des enormen Drucks, dem die

Werbebranche uns ständig aussetzt, glauben wir oft, dass unser Körper nicht in Ordnung ist. Wären wir doch nur dünn genug, blond genug, groß genug, unsere Nase größer oder kleiner, hätten wir nur auch dieses betörende Lächeln – diese Liste ließe sich endlos fortsetzen. So sind wir selbst in unserer Jugend kaum je in der Lage, dem gerade propagierten Schönheitsideal zu entsprechen.

Der Jugendkult in unserer Gesellschaft trägt dazu bei, dass wir unseren Körper mit Unbehagen betrachten und uns vor Falten fürchten. Jede Veränderung an Gesicht und Körper betrachten wir als etwas Negatives. Wie schade! Wie schrecklich ist es, wenn wir so über uns selbst denken! Und doch ist es nur ein Gedanke, und Gedanken lassen sich verändern. Wir haben gelernt, uns selbst und unseren Körper auf diese Art wahrzunehmen. Unser Glaube an das Altern und der Selbsthass, mit dem viele Menschen sich quälen, haben dazu geführt, dass unsere Lebenserwartung unter hundert Jahren liegt. Doch zum Glück entdecken wir heute Gedanken, Gefühle, Überzeugungen, Glaubenssätze, Zielsetzungen, Worte und Taten, die es uns ermöglichen, ein langes, gesundes Leben zu führen.

Ich möchte gern erleben, wie alle Menschen lernen, ihre wahre, wunderbare Natur zu erkennen und zu lieben. Wenn bestimmte Teile Ihres Körpers Ihnen nicht gefallen, sollten Sie sich fragen, warum. Woher stammt diese Meinung? Hat Ihnen jemand gesagt, Ihre Nase wäre nicht gerade genug? Wer will Ihnen einreden, Ihre Füße seien zu groß und Ihr Busen zu klein? Welchen Normen unterwerfen Sie sich damit? Indem Sie solche Werturteile akzeptieren, pumpen Sie sich buchstäblich Wut und Hass in den eigenen Körper. Und leider funktionieren die Zellen Ihres Körpers in einer Atmosphäre des Hasses nicht optimal.

Es ist, als gingen Sie jeden Tag mit dem Bewusstsein zur Arbeit, dass Ihr Chef Sie hasst. Sie würden sich ständig unbehaglich fühlen und Ihre Arbeit nicht besonders gut erledigen. Arbeiten Sie dagegen in einem Klima von Liebe und Anerkennung, spornt das Ihre Kreativität enorm an. Ihre Körperzellen reagieren darauf, wie Sie über sie denken. Jeder einzelne unserer Gedanken löst im Körper eine chemische Reaktion aus. Wir haben die Wahl, unsere Zellen mit einer heilenden Atmosphäre zu umgeben oder giftige Reaktionen in unserem Körper heraufzubeschwören. Oft richten Leute, wenn sie krank werden, ihre Wut auf den betroffenen Körperteil. Und was ist das Ergebnis? Der Heilungsprozess wird verzögert.

Sie sehen also, wie wichtig es für unser Wohlbefinden ist, ein positives, liebevolles Selbstbild zu pflegen.

Unser Körper (unser Hautsack, wie die Chinesen sagen), der Anzug, mit dem wir uns für dieses Leben bekleidet haben, ist eine wunderbare Erfindung. Er passt uns perfekt. Die Intelligenz in uns lässt unser Herz schlagen, reguliert unsere Atmung und weiß genau, wie eine Schnittwunde oder ein gebrochener Knochen zu heilen sind. Alle Körpervorgänge sind ein echtes Wunder. Wenn wir allen Teilen unseres Körpers echte Wertschätzung entgegenbrächten, verbesserte das unseren Gesundheitszustand beträchtlich.

Wenn es einen Teil Ihres Körpers gibt, mit dem Sie nicht glücklich sind, sollten Sie einen Monat lang ständig Liebe in diese Körperregion senden. Sagen Sie Ihrem

Körper ganz wörtlich, dass Sie ihn lieben. Sie können sich auch dafür entschuldigen, dass Sie ihn früher gehasst haben. Das mag sehr simpel klingen, aber es funktioniert. Lieben Sie sich außen und innen.

Die Liebe, die Sie sich jetzt schenken, bleibt für den Rest Ihres Lebens bei Ihnen. So wie wir früher einmal Selbsthass erlernt haben, können wir jetzt auch Selbstliebe lernen. Alles, was man dazu braucht, ist echte Bereitschaft und ein bisschen Übung.

Dass ich mich vital und energiegeladen fühle, ist viel wichtiger für mich als eine, zwei oder auch eine Menge Falten. Helen Gurley Brown, Herausgeberin der Zeitschrift *Cosmopolitan*, war Gast in der *Larry King Show* und schimpfte permanent: »Altwerden ist furchtbar! Es ist entsetzlich! Ich hasse es, alt zu werden!« Wie kann jemand nur ständig eine so schreckliche Affirmation wiederholen? Als Alternative möchte ich folgende Affirmation empfehlen:

Ich liebe meine späten Jahre.
Sie sind die schönste Zeit meines Lebens.

Wie man Krankheiten loswird

Lange Zeit waren sich die Menschen nicht darüber bewusst, dass ihr Denken und Handeln mitverantwortlich für ihren Gesundheitszustand ist. Heute erkennt sogar die Schulmedizin an, dass es eine Verbindung zwischen Körper und Geist gibt. Dr. Deepak Chopra, Autor des Bestsellers *Die Körperzeit. Mit Ayurveda jung bleiben* –

ein Leben lang, wurde vom renommierten Sharp Hospital an der Westküste beauftragt, dort eine Körper-Geist-Klinik aufzubauen. Dr. Dean Ornishs Methode der ganzheitlichen Behandlung von Herzerkrankungen wurde von der Mutual of Omaha Insurance Company, einer großen Versicherungsgesellschaft, offiziell anerkannt. Die Versicherung fand heraus, dass es sehr viel kostengünstiger wäre, ihre Versicherten für eine Woche in Dr. Ornishs Klinik zu schicken, als Operationen am offenen Herzen zu bezahlen.

Solche Operationen sind sehr teuer, sie kosten fünfzigtausend bis achtzigtausend Dollar pro Patient. Und vielen Leuten ist gar nicht bewusst, dass die verstopften Arterien dabei nur vorübergehend umgangen werden. Die Wirkung einer Bypass-Operation ist lediglich von kurzer Dauer, wenn der Patient sein Denken und seine Ernährung nicht ändert. Hätte er das schon früher getan, wäre die Operation mit all ihren Risiken und Kosten unnötig gewesen. Gehen wir also liebevoll und fürsorglich mit unserem Körper um. Medikamente und Operationen allein sind keine Lösung.

Ich bin sicher, dass in den kommenden Jahren immer mehr Krankenhäuser Abteilungen für ganzheitliche Körper-Geist-Therapien einrichten werden, und die Krankenkassen diese Behandlungsformen anerkennen. Die Patienten werden davon am meisten profitieren, weil sie lernen, selbst die Verantwortung für ihre Gesundheit zu übernehmen. Sie werden entdecken, was es bedeutet, wirklich gesund zu sein. Ärzte werden ihren Patienten beibringen, wie sie sich selbst gesund erhalten können, statt ihnen nur Medikamente und Operationen gegen akute Beschwerden zu verordnen, wie sie es heute tun. Wir konzentrieren uns immer noch viel zu sehr darauf, Krankheiten zu behandeln, statt ihrer Entstehung vorzubeugen. Man lehrt uns, mit Krankheiten umzugehen, aber leider kaum, wie wir gesund bleiben können. Ich glaube, dass in naher Zukunft die alternative, sanfte Medizin und die Apparatemedizin miteinander verschmelzen werden, um wirkliche Gesundheitsprogramme für uns alle zu schaffen.

Das Gesundheitswesen sollte nicht nur Krankheiten bekämpfen, sondern der vorbeugenden Medizin einen ebenso großen Stellenwert einräumen. Aufklärung spielt hierbei eine wichtige Rolle. Wir alle müssen lernen, was und wie wir selbst zu unserem Wohlbefinden beitragen können. Jeder Einzelne sollte über die Verbindung zwischen Körper und Geist aufgeklärt werden, über den Wert von gesunder Ernährung und Körperertüchtigung, über die richtige Verwendung von Heilkräutern und Vitaminen. Und wir könnten das naturheilkundliche Wissen der verschiedenen Völker und Kulturen allen Menschen zugänglich machen.

Laut *USA Today* nutzen vierunddreißig Prozent der US-Bevölkerung, also achtzig Millionen Menschen, alternative Behandlungsmethoden, einschließlich der Chiropraktik. Viele Besuche bei Vertretern alternativer Heilmethoden rühren daher, dass die Betroffenen sich durch die Schulmedizin nicht mehr ausreichend versorgt fühlen. Sicher würden noch weit mehr Menschen die Alternativmedizin nutzen, wenn die Krankenkassen für diese Leistungen aufkämen.

Wir haben ein Gesundheitssystem geschaffen, in dem Verstümmelungen und die Verabreichung von Gift zur Behandlung von Krankheiten allgemein akzeptiert sind, während natürliche Heilmethoden als unnatürlich angesehen werden. Eines Tages werden die Krankenversicherer erkennen, dass Akupunktur oder Ernährungsberatung kostengünstiger sind als Krankenhausaufenthalte und dass sie oft viel bessere Resultate erzielen.

Es wird Zeit, dass wir die Verantwortung für unsere Gesundheit wieder selbst in die Hand nehmen und sie nicht länger den Pharmakonzernen und Herstellern von Medizintechnik überlassen. Die aufwendige Apparatemedizin, mit der man uns traktiert, ist in vielen Fällen überflüssig, ja zerstörerisch für unsere Gesundheit. Es wird Zeit, dass wir endlich lernen, unseren Körper selbst zu kontrollieren und in einen guten Gesundheitszustand zu versetzen. Auf diese Weise können wir Millionen Menschenleben retten und Milliarden an Geldern einsparen. Wussten Sie, dass in den USA für fünfzig Prozent aller Konkurse Krankenhausrechnungen verantwortlich sind und dass der Durchschnittsamerikaner, der mit einer tödlichen Krankheit ins Hospital eingeliefert wird, während der letzten zehn Tage seines Krankenhausaufenthaltes seine gesamten Ersparnisse verliert? Es ist deshalb dringend notwendig, die Gesundheitsfürsorge anders zu organisieren.

Wir können die Kontrolle
über unseren Körper erlangen

Krankheit im Alter pflegte für die meisten Menschen in unserer Gesellschaft ein Normalzustand zu sein. Doch das muss nicht länger so bleiben. Wir haben einen Punkt erreicht, an dem wir selbst die Kontrolle über unseren Körper übernehmen können. Je mehr wir über gesunde Ernährung lernen, desto klarer erkennen wir, dass das, was wir essen, eine große Rolle dabei spielt, wie wir uns fühlen und wie wir aussehen. Wir sind dann auch eher in der Lage, die falschen Behauptungen der Werbespots für Fabriknahrung zu durchschauen.

Alte Menschen könnten sich zusammentun und ein Programm zur Gesundheitserziehung ins Leben rufen. Dass die Lebenserwartung stetig ansteigt, ist nur dann ein Gewinn für den Einzelnen, wenn er gelernt hat, sich selbst gesund zu erhalten, sodass er seine letzten Jahre vital und lebensfroh verbringt.

Furcht ist wie ein Gefängnis

Viele ältere Menschen sind so voller Angst – Angst vor Veränderungen, vor Armut, Krankheit, Senilität, Demenz, Einsamkeit und vor allem Angst vor dem Tod. Ich bin mir sicher, dass all diese Ängste unnötig sind, weil sie uns allesamt eingeredet wurden. Man hat uns so programmiert. Es handelt sich lediglich um gewohnheitsmäßige Denkmuster, und solche Muster lassen sich verändern. Bei sehr vielen alten Menschen herrscht negatives

Denken vor, und dementsprechend sind sie mit ihrem Leben unzufrieden. Wir dürfen nie vergessen, dass sich in unserem Leben verwirklicht, was wir denken und sagen. Wenn wir also wollen, dass sich unsere Träume verwirklichen, sollten wir unsere Denk- und Sprechmuster genau beobachten. Zwar sagen wir vielleicht manchmal sehnsüchtig: »Oh, ich wünschte, ach, wäre doch … und wenn doch nur …« Doch dann benutzen wir nicht die Worte und gedanklichen Vorstellungsbilder, die unsere Träume Realität werden lassen. Stattdessen geben wir uns negativem Denken hin und wundern uns, dass unser Leben nicht so aussieht, wie wir es gerne hätten. Wie bereits erwähnt, denkt jeder von uns täglich ungefähr sechzigtausend Gedanken, und die meisten davon haben wir auch schon gestern und vorgestern gedacht!

Um diesem ewig gleichen Trott entgegenzuwirken, spreche ich jeden Morgen folgende Affirmation:

Täglich lerne ich etwas Neues über das Leben.
Ich denke heute Gedanken, die ich noch nie zuvor
gedacht habe, neue schöpferische Gedanken.

Wenn Ihnen Veränderungen Angst machen, können Sie sich sagen:

Ich bin im Frieden mit dem ständigen Wandel
des Lebens, und ich bin inmitten aller Veränderungen
immer sicher und geborgen.

Wenn Sie Angst vor Armut haben, versuchen Sie es mit:

Ich bin eins mit der unendlichen Macht der Fülle,
und stets ist für alle meine Bedürfnisse gesorgt.

Gegen die Furcht vor Krankheit hilft die Affirmation:

Ich bin die perfekte Verkörperung von
Gesundheit und Vitalität, und ich freue mich,
dass es mir gut geht.

Wenn Sie sich davor fürchten, senil zu werden, sagen Sie sich:

Ich bin eins mit der universalen Weisheit
und Erkenntnis, und mein Denken ist immer
klar und scharfsinnig.

Gegen Einsamkeit hilft:

Ich bin verbunden mit jedem Menschen
auf diesem Planeten, und ständig gebe und
empfange ich Liebe.

Wenn Sie sich davor fürchten, im Pflegeheim zu enden, sagen Sie:

Ich führe immer meinen eigenen Haushalt und
genieße meine Selbstständigkeit.

Gegen Todesangst hilft:

Ich heiße jede Phase des Lebens freudig willkommen.
Ich weiß, dass mich, wenn ich den Planeten verlasse,
die Liebe begleitet und sich neue, wunderbare
Erfahrungen vor mir auftun.

Diese Affirmationen geben Ihrem Denken eine neue Richtung – hin zu einem schönen, erfreulichen Lebensabend. Sprechen Sie sie jedes Mal, wenn sich Furchtgedanken bei Ihnen einschleichen wollen. Diese Wahrheiten werden sich in Ihrem Leben verwirklichen. Dadurch wird sich nicht nur Ihr Leben zum Besseren verändern, sondern auch Ihre Vision von der Zukunft. Das alles ist ein kontinuierlicher Prozess von Entwicklung und Transformation. Eine weitere sehr schöne Affirmation lautet:

Ich bin unabhängig, gesund und wohlhabend.

Den inneren Reichtum entdecken und nutzen

Ich möchte Ihnen helfen, eine bewusste Idealvorstellung davon zu entwickeln, wie Sie im Alter gern leben möchten, damit Sie erkennen, dass diese Zeit wirklich die schönste Ihres ganzen Lebens werden kann. Erwarten Sie von nun an immer nur Gutes, und zwar völlig unabhängig davon, wie alt Sie sind. Stellen Sie sich intensiv bildlich vor, dass Ihre alten Tage Ihre schönsten Tage sein werden. Sie können zu den Exzellenten Alten gehören.

Viele von Ihnen nähern sich dem vorgerückten Alter, und es wird Zeit, dass Sie das Leben mit anderen Augen sehen. Sie müssen Ihre alten Tage nicht so verbringen wie Ihre Eltern. Sie und ich können gemeinsam einen neuen Lebensstil finden. Wir können alle Regeln ändern. Wenn wir uns unseren inneren Schätzen öffnen, erwartet uns nur Gutes. Wir können uns bewusstmachen und immer wieder bekräftigen, dass alles, was uns geschieht, unserem höheren Wohl dient und wir immer auf dem richtigen Weg sind, wenn wir nur fest daran glauben.

Statt einfach nur alt zu werden, aufzugeben und zu sterben, können wir einen wichtigen Beitrag leisten. Wir haben die Zeit, das Wissen und die Weisheit, um mit unserer Liebe und Kraft etwas in der Welt zu bewegen. Die Menschheit sieht sich heute vielen Herausforderungen gegenüber. Zahlreiche globale Probleme verlangen unsere Aufmerksamkeit.

Wir sollten die verschiedenen Stadien des Lebens auf neue Weise betrachten. Es gibt interessante Universitätsstudien, die über die sogenannte Lebensmitte veröffentlicht wurden. Man fand heraus, dass das Einsetzen des Alterungsprozesses davon abhängt, welches Alter ein Mensch als seine Lebensmitte ansieht. Sie sehen also, dass der Körper sich dem unterwirft, was Sie gedanklich als Wahrheit akzeptieren. Statt also fünfundvierzig oder fünfzig Jahre als unsere Lebensmitte zu betrachten, könnten wir beschließen, dass von nun an unsere Lebensmitte bei fünfundsiebzig Jahren liegen soll. Der Körper wird auch das bereitwillig akzeptieren.

Wenn Sie sagen: »Ich habe nicht genug Zeit«, beschleunigen Sie damit den Alterungsprozess. Stattdessen sollten wir uns sagen: *Ich habe mehr als genug Zeit, Raum und Energie für alle wirklich wichtigen Dinge.*

Seit unserer Erschaffung als Spezies hat unsere Lebensspanne sich erheblich verlängert. Anfangs lebten wir nur kurz, im Durchschnitt nicht mehr als zwanzig, dreißig, dann später vierzig Jahre. Um 1900 betrug unsere durchschnittliche Lebenserwartung keine fünfzig Jahre. Heute gilt es schon als normal, achtzig zu werden. Warum wagen wir nicht endlich einen Quantensprung des Bewusstseins und beschließen, künftig hundertzwanzig oder hundertfünfzig Lebensjahre als normal anzusehen?

Natürlich müssen wir in unserem Denken viel Raum für Gesundheit, Wohlstand, Liebe und Mitgefühl schaffen, damit eine solche Lebensspanne Sinn ergibt. Wenn ich davon spreche, hundertzwanzig Jahre zu leben, rufen die meisten Leute erschrocken aus: »Oh, nein! Ich will nicht so viele Jahre lang krank oder arm sein.« Warum kreist unser Denken immer gleich um Mangel und Beschränkung? Wir müssen Alter nicht zwangsläufig mit Armut, Krankheit, Einsamkeit und Tod gleichsetzen. Dass diese Dinge heute so oft mit dem Alter einhergehen, ist die Folge unserer diesbezüglichen negativen Glaubenssätze.

Doch diese Glaubenssätze können wir jederzeit ändern. Einst waren wir davon überzeugt, die Erde sei eine Scheibe. Heute akzeptieren wir diese Auffassung nicht länger. Ich bin sicher, wir können unsere Vorstellungen darüber, was wir als normal empfinden und akzeptieren, verändern. Es ist uns möglich, ein langes Leben in Gesundheit, Liebe, Wohlstand, Weisheit und Freude zu führen.

Allerdings werden wir dazu unsere gegenwärtig vorherrschenden Glaubenssätze ändern müssen. Wir werden neue Wege finden müssen, unsere Gesellschaft, unsere Altersversorgung, unser Gesundheitswesen zu organisieren. Aber es ist möglich.

Ich möchte Ihnen Hoffnung vermitteln und Sie dazu ermutigen, dass Sie lernen, sich selbst zu heilen. Dann wird es uns möglich sein, gemeinsam die Gesellschaft zu heilen. Es wird Zeit, dass wir älteren Menschen wieder ganz vorn stehen. Wir verdienen Respekt und würdevolle Behandlung. Doch dafür müssen wir zunächst Selbstachtung und ein gesundes Selbstwertgefühl entwickeln. Respekt ist nicht etwas, das wir uns verdienen müssen. Wir müssen vielmehr in uns selbst das entsprechende Bewusstsein schaffen.

Geben Sie Ihrem Leben eine neue Richtung

Sie haben die Möglichkeit, Ihr Leben derartig zu verändern, dass Sie sich selbst gar nicht mehr wiedererkennen. Sie können von Krankheit zu Gesundheit gelangen, von Einsamkeit zu Liebe. Sie können aus der Armut zu einem erfüllten Leben in materieller Sicherheit gelangen. Schuldgefühle und Scham können sich in Selbstvertrauen und Selbstliebe verwandeln. Mangelndes Selbstwertgefühl kann durch ein Gefühl der Kraft und Kreativität ersetzt werden. Sie *haben* die Möglichkeit, aus Ihrem Lebensabend eine wunderschöne Zeit zu machen!

Es wird Zeit, dass wir alle im Alter unser volles menschliches Potenzial ausschöpfen. Das ist die Zukunft, der ich freudig entgegensehe. Schließen Sie sich mir an. Gründen wir die Bewegung der »Exzellenten Alten« und leisten wir in diesen unseren schönsten Jahren gemeinsam einen größeren gesellschaftlichen Beitrag als in der Zeit davor!

Als ich mit meiner Arbeit als Heilerin begann, konzentrierte ich mich darauf, den Menschen beizubringen, sich selbst zu lieben, sich von Groll, Bitterkeit und alten, einengenden Glaubenssätzen und Verhaltensmustern zu befreien. Das war wunderbar, und viele von ihnen bestätigten mir, dass sie dadurch ihre Lebensqualität beträchtlich steigern konnten. Diese individuelle Arbeit ist immer noch äußerst hilfreich und muss fortgesetzt werden, bis jeder Mensch auf diesem Planeten ein Leben in Gesundheit, Glück, Zufriedenheit, Erfüllung und Liebe führt.

Doch jetzt ist es an der Zeit, dass wir diese Ideen auf die Gesellschaft als Ganzes anwenden. Sie müssen ein fester Bestandteil des öffentlichen Bewusstseins werden, damit sich die Lebensqualität aller Menschen verbessert. Der Lohn dafür wird eine friedliche, liebevolle Welt sein, in der wir, die alten Menschen, die Türen unserer Häuser nicht länger abzuschließen brauchen, wir im Dunkeln gefahrlos Spazierengehen können und wir uns sicher sein können, dass unsere Nachbarn uns akzeptieren und beistehen, wenn es nötig ist.

Wir können unser Denken verändern. Doch dazu ist es nötig, dass wir, die Exzellenten Alten, uns von unserer hilflosen Opfer-Mentalität lösen. Solange wir uns selbst als arme, hilflose Individuen betrachten, angewiesen auf die Unterstützung des Staates, werden wir als gesellschaftliche Gruppe nicht weiterkommen. Schließen wir uns dagegen zusammen und entwickeln selbst kreative Konzepte für unseren Lebensabend, dann verleiht uns dieses wirkliche Macht, und wir können unsere Nation und unsere Welt zum Besseren verändern.

Ein paar Worte an die »Babyboomer«

Jetzt möchte ich einmal ein paar Worte an die »Babyboomer« richten. In den USA die Jahrgänge 1946–1965, in Deutschland 1955–1965.

Wie stellen Sie sich Ihre persönliche Zukunft vor? Wie stellen Sie sich die Zukunft Ihres Landes vor? Was wir für uns selbst erschaffen, erschaffen wir auch für unser Land. In den nächsten Jahrzehnten werden mehr Menschen ein hohes Alter erreichen als je zuvor in unserer Geschichte. Wollen wir ständig so weitermachen wie bisher? Oder sind wir bereit zu einem Quantensprung des Bewusstseins, um einen völlig neuen Lebensstil für das Alter zu erschaffen?

Wir können einfach nicht darauf warten, bis die Regierung das alles für uns regelt. Washington, die Hauptstadt meines Landes, ist zu einer Brutstätte für Gier und Einzelinteressen geworden. Stattdessen sollten wir nach innen blicken, unsere inneren Schätze, unsere Weisheit entdecken, um sie dann liebevoll mit der übrigen Gesellschaft zu teilen.

Ich fordere alle Mittfünfziger, alle Fünfzigjährigen und die noch jüngeren auf: Wechseln wir gemeinsam vom

»Ich«-Bewusstsein zum »Wir«-Bewusstsein. Es ist schon seltsam, da gibt es eine Gruppe, die sich Young Presidents' Organization nennt (YPO). Sie setzt sich aus jungen Unternehmern, Managern und anderen gesellschaftlichen Führungskräften zusammen, doch die meisten dieser Leute sind überarbeitet und begehen Selbstmord auf Raten, weil sie sich nicht die Zeit nehmen, Kontakt zu ihrer inneren Weisheit herzustellen. Sie haben einen Haufen Geld verdient und fragen sich nun: »Gibt es denn sonst nichts im Leben?« Um vom »Ich« zum »Wir« zu gelangen, müssen sie sich ernsthaft dem Dienst an der Gesellschaft widmen.

Jeder von uns, die Politiker eingeschlossen, sollte sich täglich die Zeit nehmen, sich eine Weile still hinzusetzen und den Geist zu beruhigen. Wenn wir uns nicht die Zeit nehmen, Verbindung zur inneren Weisheit herzustellen, können wir keine wirklich vernünftigen Entscheidungen treffen. Es ist geradezu eine Anmaßung, Verantwortung für andere übernehmen zu wollen, ohne regelmäßig zu meditieren und den Kontakt zur universalen Führung zu suchen.

Ich habe die Vision, dass schon bald wir Exzellenten Alten Hand in Hand mit den herausragenden politischen Führern für die Heilung Amerikas arbeiten werden. Die Väter und Mütter der jetzigen Führungsgeneration können dazu einen wichtigen Beitrag leisten. Diskutieren und entwickeln wir gemeinsam Konzepte, wie unsere Gesellschaft besser funktionieren kann! Diese Konzepte können sich auf die Wirtschaft beziehen, aber auch auf das Gesundheitswesen und die Künste. Wir alle können dazu unseren Beitrag leisten, egal wie alt wir sind!

Holen wir uns unsere Macht zurück!

Lange Zeit hat man die alten Menschen in unserer Gesellschaft wie Abfall behandelt, obwohl sie doch eigentlich die idealen Führer zum Wiederaufbau unserer Welt wären. Es gab eine Zeit, in der die Alten wegen ihrer Lebensleistung und ihres Wissens in hohem Ansehen standen. Doch in unserer das Ideal der Jugendlichkeit anbetenden Kultur ist dieses Ansehen dahingeschwunden. Was für ein Fehler! Jung zu sein ist wunderbar, doch auch die Jungen werden eines Tages alt. Wir alle sollten einem angenehmen, friedlichen Lebensabend entgegensehen können.

In astrologischer Hinsicht hat ein Mensch erst mit neunundzwanzig Jahren einen vollständigen Planetenumlauf des Saturns erlebt. Saturn, der Lehrer, benötigt neunundzwanzig Jahre, um einmal alle zwölf Tierkreiszeichen zu durchwandern. Erst wenn Sie Erfahrungen in allen zwölf Lebensbereichen gesammelt haben, können Sie das Gelernte auf Ihr gegenwärtiges Leben anwenden.

Wir älteren Menschen müssen wieder lernen, zu spielen, Spaß zu haben, zu lachen, wie Kinder zu sein, wenn wir Lust dazu verspüren. Wir verdienen es nicht, dass man uns in eine Ecke abschiebt, wo wir dahinvegetieren und auf den Tod warten. Aber so behandelt man uns auch nur, wenn wir selbst es zulassen. Die Alten müssen wieder voll am Leben teilnehmen und ihr Wissen an die junge Generation weitergeben. Oft klagen die Leute: »Oh, könnte ich doch noch einmal von vorn anfangen ...« Das können Sie! Indem Sie aus dem Schatten treten, eine führende Rolle beanspruchen und wieder ein vollwertiges

Mitglied der Gesellschaft werden, leisten Sie Ihren Beitrag für eine neue und bessere Welt.

Statt nur über Ihre Krankheiten und Beschwerden zu reden, können Sie sich sozial engagieren, sich mit anderen zusammentun und dort, wo Sie leben, einen positiven Beitrag leisten. Was können Sie tun, um das Leben für alle angenehmer zu machen? Mag Ihr Beitrag auch klein sein, er ist trotzdem nicht bedeutungslos. Wenn alle alten Menschen etwas beitragen, können wir unser Land positiv verändern.

Wenn wir uns in allen gesellschaftlichen Bereichen aktiv engagieren, wird unsere Weisheit überall durchsickern und unser Land in einen Ort der Liebe und des Mitgefühls verwandeln. Darum bitte ich Sie dringend: Engagieren Sie sich, erheben Sie Ihre Stimme, gehen Sie hinaus in die Welt, und *leben* Sie! Nutzen Sie die Chance, sich Ihre Macht zurückzuholen und ein Erbe zu schaffen, das Sie mit Stolz an kommende Generationen weiterreichen können.

Es ist mein sehnlichster Wunsch, alle alten Menschen zu inspirieren und zu ermutigen, ihren Beitrag zur Heilung unseres Landes zu leisten. Sie sind die Generation, die eine Wende herbeiführen kann. Sie sind das Volk. Sie sind die Regierung. Sie sind diejenigen, die etwas verändern können. Und die Zeit dafür ist *jetzt*.

Wir alle dürfen nicht länger politischen Führern folgen, die eine falsche Richtung eingeschlagen haben. Wir dürfen nicht länger glauben, Gier und Selbstsucht könnten irgendetwas langfristig Positives bewirken. Zuerst einmal müssen wir uns selbst Liebe und Mitgefühl entgegenbringen. Dann können wir diese Liebe und dieses Mitgefühl mit allen Menschen auf diesem Planeten teilen. Dies ist *unsere* Welt, und wir besitzen die Fähigkeit, sie in ein Paradies zu verwandeln.

Planetare oder globale Heilung wird möglich, wenn wir erkennen, dass das, was wir in unserer Umwelt erleben, ein Spiegel für die Energiemuster in uns ist. Ein wichtiges Element jedes Heilungsprozesses besteht darin, unsere Verbundenheit mit allem Leben anzuerkennen. Dann können wir positive Heilungsenergie hinaus in die Welt projizieren. Viele von uns sind noch in sich selbst gefangen und haben die heilende Kraft des Gebens und Nehmens noch nicht für sich entdeckt. Heilung ist ein fortlaufender Prozess. Wenn wir abwarten, bis wir selbst »geheilt« sind, ehe wir unsere Liebe mit anderen teilen, bekommen wir dazu vielleicht nie Gelegenheit.

Meine Hoffnung für unser Land

Zwar kenne auch ich nicht alle Antworten, aber ich appelliere an diejenigen, die über das Wissen und die Mittel dazu verfügen: Helfen Sie bei der Heilung unseres Planeten mit! Unsere Sorgen beschleunigen unseren Alterungsprozess. Doch wenn jeder von uns wenigstens ein bisschen tut, können wir tiefgreifende Veränderungen bewirken. In Los Angeles zum Beispiel bietet ein Zahnarzt Obdachlosen eine kostenlose Behandlung an. Können Sie sich vorstellen, was es für einen Obdachlosen bedeutet, eine Zahnwurzelbehandlung zu erhalten? Dieser Mann sagt: »Wenn jeder Zahnarzt in Los Angeles eine Stunde pro Woche kostenlos arbeitete, könnten auf diese Weise alle Obdachlosen in der Stadt zahnärztlich versorgt werden.«

Oft fühlen wir uns von den Problemen erdrückt, aber viele ließen sich lösen, wenn jeder einen kleinen Teil seiner Zeit opferte, um etwas für die Gesellschaft zu tun. Viele Ruheständler sind in einem Alter, in dem für sie nicht mehr viel auf dem Spiel steht. Sie haben längst finanzielle Sicherheit erreicht und brauchen sich nicht mehr um den Erhalt ihres Arbeitsplatzes oder ihrer Häuser zu sorgen. Alte, die wohlhabend sind, können den Alten helfen, die unter Armut leiden. Ich bin sicher, dass viele reiche Pensionäre gern bereit wären, einen Teil ihres Geldes sozialen Zwecken zur Verfügung zu stellen, wenn die Gesellschaft ihnen für ihr Engagement Respekt und Anerkennung entgegenbrächte.

Es stimmt, dass viele der heutigen Probleme von jenen wohlhabenden Leuten meiner Generation geschaffen wurden, die in unserer gierigen Wirtschaft einmal an vorderster Front standen. Sie haben erlebt, welche Folgen egoistisches, geldgieriges Verhalten von Großunternehmen und Einzelpersonen hat. Doch heute haben diese Leute die Chance, eine andere, wichtigere Rolle zu spielen: mitzuhelfen bei der Heilung Amerikas. Sie können erneut Macht und Einfluss ausüben, aber diesmal als Heiler und nicht als Ausbeuter. Mit Leichtigkeit können sie hier und da ein paar Millionen spenden, um unser Land wieder groß zu machen.

Wenn wir alle aktiv an der Heilung unseres Landes mitwirken, werden wir dadurch jünger, nicht älter, da bin ich mir sicher. Wir können uns durch Engagement »verjüngen«. Es mag bis zu drei Generationen dauern, bis wir das Resultat einer verjüngten (und zwar innerlich: in der Haltung, in der Lösung von Konflikten, im Respekt vor dem Anderen) Gesellschaft spüren, aber die heutigen Alten können die Pioniere sein auf diesem Weg. Seit den 1990er-Jahren sind Bücher über diesen inneren Verjüngungsprozess sehr erfolgreich. In *New Cells, New Bodies, New Lives* gibt uns Virginia Essene interessante Denkanstöße, Inspiration und Stärkung darin, sich zuerst einmal selbst mit dem eigenen Körper zu befassen. Ich selbst weiß, dass Verjüngung möglich ist und die kommenden Generationen werden von diesem Prozess profitieren.

Jene, die heute um die fünfzig sind, sollten sich Gedanken darüber machen, wie sie ihren Lebensabend verbringen möchten und welchen Beitrag sie für die Gesellschaft leisten wollen. Die jüngere Generation kann lernen, alte Menschen mit anderen Augen zu sehen, und sich überlegen, wie sie selbst gern sein möchte, wenn sie in dieses Alter kommt.

In der Schule werden Kinder immer gefragt: »Was möchtest du gern werden, wenn du groß bist?« Man bringt ihnen bei, für die Zukunft zu planen. Mit derselben Einstellung sollten wir auch an unser Alter denken. Wie möchten wir im Alter sein? Ich möchte zu den Exzellenten Alten gehören und mich nach Kräften zum Wohl der Gesellschaft engagieren. Maggie Kuhn, führende Aktivistin der *Grauen Panther*, bekannte offen: »Ich möchte auf einem Flughafen sterben, mit dem Aktenkoffer in der Hand, kurz nachdem ich einen Job gut beendet habe.«

Denken Sie einmal über die folgenden Fragen nach: Wie können Sie der Gesellschaft dienen? Was wollen Sie tun, um bei der Heilung unseres Landes mitzuhelfen?

Welches Erbe möchten Sie Ihren Enkelkindern hinterlassen? Diese wichtigen Fragen sollten wir uns immer wieder stellen, während wir unser drittes, viertes, fünftes Lebensjahrzehnt durchlaufen. Dann wird, auch wenn wir über fünfzig oder über sechzig sind, noch eine Welt voller aufregender Chancen vor uns liegen. Wie heißt es so schön: »Ich merkte, dass ich alt wurde, als die Leute nicht mehr zu mir sagten, ich hätte mein ganzes Leben noch vor mir.«

Nun, es liegt immer Ihr »ganzes Leben« vor Ihnen. Auf was wollen Sie sich denn sonst vorbereiten – auf Ihren »ganzen Tod«? Natürlich nicht! Es wird Zeit, dass Sie aufwachen, Ihren Wert als Mensch erkennen und sich selbstbewusst dem Klub der Exzellenten Alten anschließen.

Ich beglückwünsche alle, die sich von den Ideen, die ich Ihnen hier vorstelle, zu persönlichem Engagement anspornen lassen. Schon möglich, dass Sie auf Widerstände stoßen und sich mit mehr oder weniger ernsten Problemen auseinandersetzen müssen. Aber was kann uns das anhaben? Wir sind die neuen Alten, und wir sind unschlagbar!

Affirmationen für Exzellente Alte

(Wiederholen Sie diese Affirmationen morgens nach dem Aufwachen oder abends vor dem Schlafengehen.)

Ich bin jung und schön in jedem Alter.

Ich leiste auf erfüllende und produktive Weise meinen Beitrag zum Wohl der Gesellschaft.

Ich bestimme selbst über meine Gesundheit,
meine Finanzen und meine Zukunft.

Ich werde allseits respektiert.

Ich achte und respektiere die Kinder und
Jugendlichen in meinem Leben.

Ich achte und respektiere alle alten Menschen
in meinem Leben.

Ich koste jeden meiner Tage voll aus.

Täglich denke ich neue und andere Gedanken.

Mein Leben ist ein wunderbares Abenteuer.

Ich bin offen für alle Erfahrungen, die das Leben mir
zu bieten hat. Meine Familie kümmert sich um mich,
und ich kümmere mich um meine Familie.

Es gibt keine Grenzen für mich.

Mein ganzes Leben liegt vor mir.

Ich sage meine Meinung, meine Stimme hat
gesellschaftliches und politisches Gewicht.

Ich nehme mir die Zeit, mich meinem inneren Kind
zu widmen.

Ich meditiere, mache ruhige Spaziergänge,
genieße die Natur; ich gönne mir
Zeiten des Alleinseins und genieße sie.

*Das Lachen spielt in meinem Leben eine wichtige
Rolle; ich bin heiter und unverkrampft.*

*Ich überlege, wie ich etwas für die Heilung der Erde
tun kann, und setze diese Ideen dann
auch in die Tat um. Ich habe alle Zeit der Welt.*

Meine späten Jahre sind meine besten Jahre

Ich freue mich an jedem neuen Jahr. Mein Wissen vermehrt sich stetig, und ich stehe immer in Verbindung zu meiner inneren Weisheit. Engel führen mich auf allen Wegen. Meine späten Jahre sind meine besten Jahre. Ich weiß, wie man gut lebt. Ich weiß, wie ich mich gesund und jung erhalten kann. Mein Körper erneuert sich unaufhörlich. Ich bin vital, munter, gesund und aktiv bis zu meinem letzten Tag. Ich mag mein Alter. Meine Beziehungen zu anderen Menschen sind so, wie ich es mir wünsche. Ich weiß, wie man erfolgreich durchs Leben geht. Ich trage jetzt nach Kräften zum Wohle aller bei, in dem Wissen, dass ich Liebe, Freude und Frieden bin, jetzt und in Ewigkeit. Und so ist es!

Affirmationen für das Älterwerden

Ich bin in jedem Alter schön und vital.

Checkliste Älterwerden

Welche der folgenden Aussagen treffen auf Sie zu? Am Ende dieses Kapitels werden Sie in der Lage sein, jedem dieser negativen Gedanken einen positiven entgegenzusetzen.

- Ich habe Angst vor dem Altern.

- Ich fürchte mich davor, dass ich faltig und fett werde.

- Ich will nicht in einem Pflegeheim enden.

- Alt sein bedeutet, hässlich und unerwünscht zu sein.

- Alt sein bedeutet, unter allen möglichen Krankheiten zu leiden.

- Niemand will gerne alte Menschen um sich haben.

Wie alt Sie auch gegenwärtig sein mögen, wir alle werden unaufhaltsam älter. Aber wir haben großen Einfluss darauf, wie wir altern.

Was macht uns alt? Bestimmte Glaubenssätze über das Älterwerden, wie zum Beispiel der Glaube, dass Altwerden zwangsläufig damit verbunden ist, krank und gebrechlich zu werden. Hass auf den eigenen Körper. Selbsthass. Der Glaube, immer zu wenig Zeit zu haben. Verbitterung. Scham und Schuldgefühle. Angst. Vorurteile. Selbstgerechtigkeit. Kritiksucht. Seelische Lasten mit sich herumschleppen. Sich von anderen Menschen kontrollieren und manipulieren lassen. Alle diese Glaubenssätze machen uns alt.

Was glauben Sie persönlich über das Älterwerden? Sehen Sie kranke, hinfällige alte Leute und denken, dass es Ihnen später auch so ergehen wird? Sehen Sie die Armut, unter der manche alte Menschen leiden, und denken, dass auch Ihnen ein solches Schicksal droht? Wenn Sie bemerken, wie einsam manche Menschen im Alter sind, fragen Sie sich dann, ob Sie selbst es später besser haben werden? Wir müssen solche negativen Vorstellungen nicht akzeptieren. Wir können all das ändern. Es muss nicht immer so weitergehen. Wir können uns unsere Macht zurückholen.

Dass Sie sich vital und energiegeladen fühlen, ist viel wichtiger als ein paar Falten mehr oder weniger, aber als Gesellschaft haben wir uns den Glauben angeeignet, wir wären nur akzeptabel, solange wir jung und schön sind.

Warum stimmen wir einem solchen Glaubenssatz zu? Warum haben wir Liebe und Mitgefühl für uns selbst und füreinander vergessen? Damit haben wir das Leben in unserem Körper zu einer unangenehmen Erfahrung gemacht. Jeden Tag halten wir nach Fehlern und Makeln an unserem Körper Ausschau und sorgen uns wegen jeder

Falte. Aber das bewirkt nur, dass wir uns schlecht fühlen – und dadurch bekommen wir mehr Falten. Selbstliebe ist das nicht. Es ist Selbsthass. Kein Wunder, dass wir kein Vertrauen in unseren Körper und das Leben haben und an uns selbst zweifeln.

Was bringen Sie Ihren Kindern bezüglich des Älterwerdens bei? Welches Beispiel leben Sie ihnen vor? Sehen sie in Ihnen einen dynamischen, liebevollen Menschen, der jeden Tag genießt und sich auf die Zukunft freut? Oder sind Sie eine verbitterte, ängstliche Person, die sich vor dem Alter fürchtet und damit rechnet, später krank und allein zu sein? Unsere Kinder lernen von uns! Und ebenso auch unsere Enkelkinder. Was für ein Leben im Alter sollen sie sich vorstellen und erschaffen? Sind Sie ihnen dafür ein gutes Vorbild?

Mehrfach in diesem Buch komme ich auf die Tatsache zu sprechen, dass wir immer älter werden und die Menschheit eines Tages den Sprung zu einem Lebensalter von hundertfünfzig Jahren schaffen wird. Das ist keineswegs unerreichbar. Ich sehe, dass es für die meisten von uns innerhalb von zwei Generationen normal und natürlich geworden ist, sehr viel länger zu leben. Mit fünfundvierzig galt man bislang als im mittleren Alter, aber das wird sich ändern. Ich sehe voraus, dass demnächst fünfundsiebzig als mittleres Alter gelten wird. Über Generationen haben wir uns von der Zahl der Jahre, die wir schon auf dem Planeten leben, diktieren lassen, wie wir uns fühlen und verhalten sollen. Wie bei jedem Aspekt des Lebens gilt auch hier, dass das, was wir über das Alter glauben und akzeptieren, für uns Wirklichkeit wird. Darum ist es an der Zeit, unsere Glaubenssätze über das Alter und die späten Jahre unseres Lebens zu ändern! Wenn ich mich umschaue und gebrechliche, ängstliche alte Leute sehe, sage ich mir: »So muss es nicht sein.« Viele von uns haben inzwischen gelernt, dass wir unser Leben ändern können, indem wir unser Denken ändern.

Ich weiß, dass wir unsere Glaubenssätze bezüglich des Alterns ändern und den Alterungsprozess zu einer positiven, vitalen, gesunden Erfahrung machen können.

Wir können unsere Überzeugungen und Denkmuster grundlegend wandeln. Aber um das zu werden, was ich die Exzellenten Alten nenne, müssen wir die Opfermentalität aufgeben. Solange wir uns selbst für unglückselige, ohnmächtige Individuen halten und glauben, die Regierung müsse alles für uns erledigen, werden wir als ältere Generation niemals Fortschritte machen. Wenn wir uns hingegen zusammentun und kreative Lösungen für unsere späteren Jahre entwickeln, dann verleiht uns das wirkliche Macht, und wir können unsere Nation und die ganze Welt zum Besseren verändern.

Es ist Zeit, dass wir ältere Menschen uns unsere Macht von den Pharmakonzernen und der Medizinindustrie zurückholen. Die teure Hightech-Medizin ist vor allem ein lukratives Geschäft auf dem Rücken der alten Menschen, deren Gesundheit von ihr nicht erhalten, sondern zerstört wird. Es ist für alle Menschen (vor allem aber für die älteren) höchste Zeit, dass wir lernen, unsere Gesundheit selbst in die Hand zu nehmen. Wir sollten uns über die Verbindung von Geist und Körper informieren, damit wir verstehen, auf welche Weise das, was wir denken, sagen und tun, uns entweder krank macht oder gesund erhält.

Übung

Beantworten Sie aufrichtig folgende Fragen, um herauszufinden, welche Glaubenssätze Sie zum Thema Alter bislang haben.

1. Wie altern Ihre Eltern? (Oder wie alterten sie, falls sie bereits verstorben sind?)

_____

_____

_____

_____

2. Wie alt fühlen Sie sich?

_____

_____

_____

_____

3. Was tun Sie, um der Gesellschaft, Ihrem Land, dem Planeten zu helfen?

_____

_____

_____

_____

4. Wie erschaffen Sie in Ihrem Leben Liebe?

_____

_____

_____

_____

5. Welche Vorbilder haben Sie?

_____

_____

_____

_____

6. Was vermitteln Sie Ihren Kindern bezüglich des Alterns?

_____

_____

_____

_____

7. Was tun Sie heute, um später im Alter gesund, glücklich und vital zu sein?

_____

_____

_____

_____

8. Was denken Sie über alte Menschen und wie verhalten Sie sich ihnen gegenüber?

_____

_____

_____

_____

9. Wie stellen Sie sich vor, wird Ihr Leben aussehen, wenn Sie sechzig, fünfundsiebzig, fünfundachtzig Jahre alt sind?

_____

_____

_____

_____

10. Wie soll man sich Ihnen gegenüber verhalten, wenn Sie alt sind?

_____

_____

_____

_____

11. Wie möchten Sie sterben?

_____

_____

_____

_____

Gehen Sie Ihre Antworten durch und verwandeln Sie jede negative Aussage in eine positive Affirmation. Stellen Sie sich vor, dass Ihre späten Jahre die schönste Zeit Ihres Lebens werden.

Am Ende dieses Regenbogens wartet ein Topf voller Gold auf uns. Wir wissen, dass diese Schätze da sind. Wir müssen lernen, wie wir die späten Jahre zur besten Zeit unseres Lebens machen können. Und diese Geheimnisse, die wir an unserem Lebensabend entdecken, sollten wir mit den nachfolgenden Generationen teilen. Ich weiß, dass das, was ich »aktives Jungsein« nenne, in jedem Lebensalter möglich ist. Wir müssen nur herausfinden, wie man es macht.

Hier sind einige Geheimnisse für »aktives Jungsein«, die ich für mich entdeckt habe:

- Das Wort »alt« aus unserem Vokabular streichen.

- Statt »alt werden« die Formulierung »länger leben« verwenden.

- Bereit sein für evolutionäre Quantensprünge.

- Sich nicht manipulieren lassen.

- Unsere Vorstellung davon verändern, was »normal« ist.

- Krankheit in vitale Gesundheit verwandeln.

- Gut für unseren Körper sorgen.

- Sich von einengenden Glaubenssätzen lösen.

- Freier und flexibler denken.

- Aufgeschlossen sein für neue Ideen.

- Die Wahrheit über uns selbst akzeptieren.

- Selbstlos der Gesellschaft dienen.

Erschaffen wir uns bewusst ein Ideal für unsere späteren Jahre, das diese Phase zur lohnendsten unseres ganzen Lebens macht. Vertrauen wir darauf, dass unsere Zukunft immer hell und freundlich ist, und zwar in jedem Alter. Dazu müssen wir nur unser Denken verändern. Es ist an der Zeit, alle angstvollen Vorstellungen bezüglich des Alterns aus unserem Bewusstsein zu tilgen. Was wir brauchen, ist ein Quantensprung des Denkens. Gemeinsam können wir die Gesellschaft verändern, sodass jene, die lange leben, immer noch jung sind – und die Lebenserwartung nicht auf die heute als »normal« betrachtete Anzahl von Jahren beschränkt bleibt. Machen wir unsere späteren Jahre zu einer wunderbaren Schatzkammer für uns selbst und die ganze Menschheit!

Nachfolgend werden die Aussagen vom Beginn dieses Kapitels wiederholt, zusammen mit einer Affirmation, die zu dem jeweiligen Glaubenssatz passt.

Machen Sie diese Affirmationen zum festen Bestandteil Ihres Tagesablaufs. Wiederholen Sie sie möglichst oft laut oder in Gedanken: im Auto, bei der Arbeit, während Sie in den Spiegel schauen oder jedes Mal, wenn ein negativer Glaubenssatz zum Vorschein kommt.

Alter Glaubenssatz	Neuer Glaubenssatz
Ich habe Angst vor dem Altern.	Ich lasse alle auf das Altwerden bezogenen Ängste hinter mir.
Ich fürchte mich davor, dass ich faltig und fett werde.	Mein Körper und mein Geist sind in jedem Alter wunderschön.
Ich will nicht in einem Pflegeheim enden.	Ich bin stark und kann gut für mich selbst sorgen.
Alt sein bedeutet, hässlich und unerwünscht zu sein.	Ich liebe und werde von allen in meiner Welt geliebt.
Alt sein bedeutet, unter allen möglichen Krankheiten zu leiden.	Ich bin in jedem Alter blühend gesund.
Niemand will gerne alte Menschen um sich haben.	Die Menschen mögen mich und schätzen meine Gesellschaft. Wie alt ich bin, spielt dabei überhaupt keine Rolle.

Behandlung für gesundes Älterwerden

Ich bin eins mit dem Leben, und alles Leben liebt und unterstützt mich. Daher beanspruche ich für mich geistigen Frieden und Lebensfreude in jedem Alter. Jeder Tag ist neu und anders und bringt seine eigenen Freuden. Ich nehme aktiv am Leben in der Welt teil. Ich bin während meines ganzen Lebens von wunderbaren Menschen umgeben. Ich lerne gerne dazu und bin offen für neue Erkenntnisse und Einsichten. Ich sorge bestens für meinen Körper. Ich wähle Gedanken, die mich glücklich machen. Ich habe eine starke Verbindung zum Spirituellen, die mich zu allen Zeiten trägt und nährt. Ich bin nicht meine Eltern und muss nicht so altern oder sterben wie sie. Ich bin mein eigenes, einzigartiges Selbst, und ich entscheide mich dafür, bis zu meinem letzten Tag auf diesem Planeten ein zutiefst erfülltes Leben zu führen. Ich lebe in Harmonie und liebe die Gesamtheit des Lebens. Das ist die Wahrheit meines Seins, und ich akzeptiere sie jetzt. Alles ist gut in meinem Leben.

Meditationen
für das Älterwerden

Altern

Jedes neue Jahr ist etwas Besonderes und Kostbares, angefüllt mit immer neuen Wundern. Das Alter ist eine ebenso wertvolle Lebensphase wie die Kindheit. Doch in unserer Kultur fürchten wir uns vor dem Alter. So haben wir das Altwerden zu einer schrecklichen Sache gemacht. Dabei ist es ganz normal und natürlich. Wir veranstalten einen Jugendkult, der schädlich für uns alle ist. Ich freue mich darauf, alt zu werden. Die einzige Alternative dazu ist, den Planeten vorher zu verlassen. Ich entscheide mich dafür, mich selbst in jedem Lebensalter zu lieben. Dass ich altere, muss nicht bedeuten, dass ich krank oder gebrechlich werde. Bevor ich den Planeten verlasse, muss ich nicht zwangsläufig an Schläuchen angeschlossen sein oder in einem Pflegeheim leiden. Wenn meine Zeit gekommen ist, wird der Abschied sanft sein – vielleicht lege ich mich ins Bett, mache ein Nickerchen und gehe ganz friedlich.

Ich entscheide mich für Gedanken, die das Älterwerden zu einer positiven Erfahrung machen.

Einzigartigkeit

Im Geist sind wir alle eins. Und doch unterscheiden sich unsere Gesichter und Körper deutlich, und Gleiches gilt auch für unsere Persönlichkeit. Wir sind einzigartige und von allen anderen verschiedene Ausdrucksformen des Einen Lebens. Einen Menschen wie mich hat es nie zuvor gegeben und wird es auch später nie wieder geben. Ich freue mich an meiner Einzigartigkeit. Ich bin weder zu groß noch zu klein, und ich brauche mich vor niemandem zu beweisen. Ich entscheide mich dafür, mich zu achten und zu lieben, weil ich ein göttlicher, wunderbarer Ausdruck des Lebens selbst bin. Ich selbst zu sein ist ein aufregendes Abenteuer! Ich folge meinem inneren Stern und funkle und strahle auf meine einzigartige Weise. Ich liebe das Leben, und ich liebe mich!

Einzigartigkeit kennt
keine Konkurrenz und keine Vergleiche.

Familie

Ich umgebe meine gesamte Familie mit einem Kreis aus Liebe – jene, die leben, und jene, die gestorben sind. Ich bejahe für uns alle wundervolle, harmonische, sinnerfüllte Erfahrungen. Es ist ein großer Segen, Teil jenes zeitlosen Gewebes aus bedingungsloser Liebe zu sein, das uns alle verbindet. Meine Vorfahren gaben ihr Bestes, entsprechend dem Wissen und den Einsichten, die ihnen zur Verfügung standen, und die noch ungeborenen Kin-

der werden sich neuen Herausforderungen gegenüber-
sehen und bei deren Meisterung gleichfalls ihr Bestes
geben. Von Tag zu Tag sehe ich meine Aufgabe deutlicher,
die ganz einfach darin besteht, mich aus alten familiären
Begrenzungen zu lösen und zur Göttlichen Harmonie zu
erwachen. Familientreffen sind für mich Gelegenheiten,
Toleranz und Mitgefühl zu praktizieren.

Ich habe mir für dieses Leben
genau die richtige Familie ausgesucht.

Fürsorge

Mein Körper ist ein Wunder. Die Körper der Menschen,
für die ich sorge, sind ebenfalls Wunder. Unsere Körper
wissen, wie sie mit Notsituationen umzugehen haben,
und sie wissen, wie sie sich erholen und neue Kraft schöp-
fen können. Wir alle lernen, auf unsere Körper zu hören
und ihre Bedürfnisse zu erfüllen. Manchmal kann die
Sorge für andere Menschen unsere Kräfte übersteigen.
Wir erkennen, dass wir uns zu viel aufgebürdet haben.
Ich lerne jetzt, in solchen Situationen um Hilfe zu bitten.
Ob ich für andere sorge oder selbst von anderen versorgt
werden muss, immer ist es besonders wichtig, dass ich
mich selbst liebe. Wenn ich mich selbst so, wie ich bin,
liebe und akzeptiere, ist das, als würde ich einen Gang
zurückschalten. Nun kann ich mich entspannen, und tief
im Herzen fühle ich, dass alles gut ist.

Ich sorge so gut wie möglich für mich.

Geben und Empfangen

Dankbarkeit und die Bereitschaft, Geschenke anzunehmen, sind kraftvolle Magneten, die tagtäglich Wunder in
mein Leben ziehen. Wenn jemand mir ein Kompliment
macht, lächle ich und sage danke. Komplimente sind ein
Ausdruck von Freigebigkeit. Ich habe gelernt, sie dankbar
anzunehmen. Der heutige Tag ist ein heiliges Geschenk
des Lebens an mich. Ich öffne meine Arme weit, um die
ganze Fülle dessen zu empfangen, was das Universum mir
heute zu bieten hat. Zu jeder Tages- oder Nachtzeit kann
ich diese Fülle in mein Leben lassen. Ich weiß, dass es im
Leben Zeiten gibt, wo das Universum mir etwas schenkt,
ohne dass ich in der Lage bin, mich dafür zu revanchieren.
Es gibt viele Menschen, die mir sehr halfen, ohne dass ich
je in der Lage gewesen wäre, mich ihnen dafür erkenntlich
zu zeigen. Dafür konnte ich dann später anderen Menschen ebenso helfen. So ist der Lauf des Lebens.

Ich entspanne mich und freue mich an der Fülle im
Hier und Jetzt. Freudig schenke ich der Welt meine
Gaben, und liebevoll beschenkt mich die Welt.

Heilung

Ich bin offen und empfangsbereit für alle heilenden Energien im Universum, und ich weiß, dass jede Zelle meines
Körpers intelligent ist und sich selbst zu heilen vermag.
Mein Körper strebt immer nach vollkommener Gesundheit. Ich gebe jetzt alle Überzeugungen auf, die meiner

vollständigen Gesundung im Wege stehen. Ich informiere mich über Ernährung und versorge meinen Körper mit gesunden, vollwertigen Nahrungsmitteln. Ich beobachte mein Denken und wähle ausschließlich gesunde Gedanken. Ich entferne alle Gedanken des Hasses, der Eifersucht, der Wut, der Furcht, des Selbstmitleids, der Scham und der Schuld aus meinem Bewusstsein. Ich liebe meinen Körper. Ich sende Liebe in jedes Organ, jeden Knochen, jeden Muskel und alle übrigen Teile meines Körpers. Ich lasse Liebe durch jede Zelle meines Körpers strömen. Ich bin meinem Körper dankbar für die gute Gesundheit, derer ich mich in der Vergangenheit erfreuen durfte. Hier und jetzt akzeptiere ich Heilung und gute Gesundheit.

Mein Körper ist gesund und glücklich
und in Harmonie – so wie ich!

Immunsystem

Von Tag zu Tag fällt es mir leichter, mir eine genügende Dosis bedingungsloser Liebe zu verabreichen. Ich glaube, dass es von meinem Bewusstseinszustand abhängt, womit ich mich »infiziere«. Glaube ich, dass »das Leben hart ist und ich sowieso immer den Kürzeren ziehe«, oder »bin ich einfach zu nichts zu gebrauchen« und »ist mir sowieso alles egal«? Wenn meine Glaubenssätze in diese Richtung tendieren, dann wird dadurch mein Immunsystem (das meine Gedanken und Gefühle registriert) beeinträchtigt, ich werde zur leichten Beute für jeden

»Bazillus«, der gerade die Runde macht. Glaube ich dagegen, dass »das Leben eine Freude ist«, dass »ich liebenswert bin und stets für alle meine Bedürfnisse gesorgt wird«, dann fühlt sich mein Immunsystem von mir unterstützt, und mein Körper wird Krankheiten viel besser abwehren können.

Meine Gedanken unterstützen und stärken
mein Immunsystem.

Lebensabend

Am Anfang des vorigen Jahrhunderts betrug die durchschnittliche Lebenserwartung neunundvierzig Jahre. Heute liegt sie bei fünfundachtzig Jahren. Schon morgen wird sie vielleicht bei hundertfünfundzwanzig Jahren liegen. Es ist an der Zeit, dass wir die späteren Jahre unseres Lebens in ein positiveres Licht rücken. Ich bin nicht mehr bereit, die Behauptung hinzunehmen, Alter bedeute, krank zu werden und einsam und voller Angst zu sterben. Ich übernehme von jetzt an selbst die Verantwortung für meine Gesundheit. Auf diese Weise können wir Pflegeheime überflüssig machen. Ich übernehme die Kontrolle über mein Denken und erschaffe mir einen Lebensabend, der viel schöner ist als das, was frühere Generationen im Alter erlebt haben. Ich sehe mich als vital, lebenslustig und gesund. Bis zu meinem letzten Tag werde ich einen positiven Beitrag für die Welt leisten. Ich werde zu den Exzellenten Alten gehören und anderen zeigen, wie auch sie in jedem Alter ein erfülltes Leben

führen können. Ich engagiere mich aktiv in der Gesellschaft und helfe mit, diese Welt für kommende Generationen lebenswerter zu machen.

Jedes Lebensalter ist eine wundervolle Erfahrung.

Verständnis

Ich bin lernfähig. Jeden Tag nehme ich die Göttliche Weisheit in mir deutlicher wahr. Ich freue mich, am Leben zu
sein, und bin sehr dankbar für das Gute, das mir zuteil-
wurde. Das Leben ist für mich eine Schule. Jeden Tag
öffne ich, wie ein Kind, meinen Geist und mein Herz,
entdecke neue Menschen, sammle neue Eindrücke und
begreife auf neue Weise, was in mir und um mich herum
geschieht. Oft versteht mein menschlicher Verstand die
Dinge nicht auf Anhieb. Um zu verstehen, ist manchmal
eine Menge Liebe und Geduld nötig. Meine neuen geistigen Fähigkeiten helfen mir dabei, die vielen Anforderungen dieser unglaublichen Schule des Lebens auf dem
Planeten Erde zu meistern.

Je mehr ich das Leben verstehe,
desto weiter wird mein Horizont.

Vollkommenheit

Ein kleines Kind würde nie sagen: »Oh, meine Hüften
sind zu breit!« Oder: »Meine Nase ist zu lang.« Kinder

wissen, dass sie vollkommen sind, und wir wussten das früher auch alle. Wir empfanden unsere Vollkommenheit als normal und natürlich. Als wir erwachsen wurden, begannen wir an unserer Vollkommenheit zu zweifeln. Und wir glaubten, erst noch vollkommen werden zu müssen. Man kann aber nicht werden, was man bereits ist. Man kann es nur akzeptieren. Sonst setzt man sich nur unnötig unter Stress. Wir sind alle völlig in Ordnung, so wie wir jetzt sind. Machen wir uns also bewusst und versichern wir uns innerlich immer wieder, dass wir göttliche, wunderbare Ausdrucksformen des Lebens sind und dass in unserer Welt wirklich und wahrhaftig alles gut ist.

Ich bin perfekt, ganz und heil.

Weisheit

Tief im Zentrum meines Seins gibt es eine Quelle der inneren Weisheit. Dort finde ich die Antworten auf alle Fragen. Diese innere Weisheitsquelle steht in direkter Verbindung zur unendlichen Weisheit des Universums. Es wird mir also niemals an Antworten mangeln. Jeder Tag ist ein neues freudiges Abenteuer für mich, denn ich entscheide mich bewusst dafür, meiner eigenen inneren Weisheit zu lauschen. Diese Weisheit ist mir jederzeit frei zugänglich. Ich bitte und empfange. Und ich bin dankbar.

Ich vertraue auf meine innere Weisheit.

Lebensqualität bewahren

In diesem Kapitel wende ich mich vorrangig an Euch, meine Leserinnen, an Frauen: Macht Schluss mit der übermäßigen Betonung der Jugendkultur! Die Zeit ist reif, dass wir den älteren Frauen – und dabei uns selbst! – dabei helfen, ihr volles Potenzial zu entdecken und zu entfalten und in dieser Welt wirklich geachtet und anerkannt zu werden. Ich möchte dazu beitragen, dass alle Frauen, wenn sie älter werden, Selbstliebe und Selbstachtung bewahren, ihre Lebensqualität bewahren und eine wichtige Rolle in der Gesellschaft spielen. Damit soll die jüngere Generation in keiner Weise zurückgesetzt oder abgewertet werden, sondern es soll auf sehr positive Weise eine wirkliche Gleichheit zwischen den Generationen entstehen.

Wenn ich mir manche alten Frauen anschaue, sehe ich sehr viel Furcht, schlechte Gesundheit, Armut, Einsamkeit und das resignative Gefühl, dass es »von nun an bergab geht«. Ich weiß, dass es nicht so sein muss. Die Art und Weise, wie wir heute altern, ist uns einprogrammiert worden, und wir haben dieses Programm akzeptiert. Von einzelnen Ausnahmen abgesehen, haben wir uns als Gesellschaft den Glauben zu eigen gemacht, dass wir alle alt, krank, senil und gebrechlich werden und sterben – in dieser Reihenfolge. Doch das muss nicht länger der Fall sein. Ja, wir alle müssen sterben, wenn unsere Zeit gekommen ist, aber dass wir vorher krank, senil und gebrechlich werden, ist eine Option, die keineswegs zwingend für uns ist.

Wir sollten diese Ängste nicht länger akzeptieren. Es steht uns allen frei, die negativen Merkmale des Alterns ins Positive zu wenden. Ich glaube, dass unsere zweite Lebenshälfte noch wunderbarer als die erste sein kann. Wenn wir bereit sind, unser Denken zu ändern und neue Glaubenssätze zu akzeptieren, können wir diese Jahre zu unseren kostbarsten machen. Wenn wir erfolgreich altern möchten, müssen wir eine bewusste Wahl treffen, dies zu realisieren. Wir wollen schließlich nicht nur eine Verlängerung unserer Lebensdauer. Wir wollen uns auf vor uns liegende reiche und erfüllte Jahre freuen. Die zusätzlichen Lebensjahre sind wie eine leere Tafel. Was wir darauf schreiben, macht den Unterschied aus.

Wie ich eingangs schon erwähnte, gilt es heute als ganz normales Lebensalter, wenn jemand die achtzig erreicht und dass uns ein Quantensprung unseres Bewusstseins ermöglichen sollte, in der Zukunft eine Lebensdauer von hundertzwanzig oder hundertfünfzig Jahren zu erreichen.

Das ist keineswegs unmöglich. Bereits innerhalb von ein bis zwei Generationen ist es für uns ganz normal und natürlich geworden, sehr viel länger zu leben. Ich glaube, dass man fünfundsiebzig einmal als mittleres Alter ansehen wird. Vor einigen Jahren wurde an einer Universität eine Studie über das Altern durchgeführt. Die Forscher fanden heraus, dass der körperliche Alterungsprozess einsetzt, wenn Menschen jenes Alter erreichen, dass sie selbst als ihre mittleren Jahre betrachten. Der Körper akzeptiert die von unserem Bewusstsein getroffene Entscheidung.

Statt also fünfundvierzig oder fünfzig als mittleres Alter zu betrachten, könnten wir uns leicht dafür entscheiden, diese Phase erst mit fünfundsiebzig zu erreichen. Auch diesen Glauben wird der Körper bereitwillig akzeptieren. Wir können uns ein völlig neues Bild von den einzelnen Lebensstadien machen.

Das Zentrum für Demografische Studien in Durham, North Carolina, kommt zu dem Schluss, dass wenn die Lebenserwartung weiterhin so ansteigt wie seit 1960, unsere Lebensspanne theoretisch über hundertdreißig Jahre betragen könnte. 1960 gab es erst dreitausendfünfhundert Hundertjährige. 1995 waren es schon vierundfünfzigtausend. Sie sind die am schnellsten wachsende Altersgruppe. Die Forscher aus Durham fanden keinen Beweis dafür, dass es eine eindeutige Höchstgrenze für die menschliche Lebenserwartung gibt. Auch gehen sie davon aus, dass Frauen vermutlich ein höheres Alter erreichen werden als Männer.

Seit Generationen haben wir es zugelassen, dass die Zahl der Jahre, die wir bereits auf diesem Planeten verbracht haben, darüber bestimmt, wie wir uns fühlen und verhalten sollen. Wie in allen anderen Lebensbereichen gilt auch hier: Was wir bezüglich des Alterns denken und glauben, verwirklicht sich für uns. Darum sollten wir unsere diesbezüglichen Glaubenssätze endlich ändern. Ich weiß, wir können, indem wir neue Konzepte für uns akzeptieren, das Altwerden zu einer positiven, lebenssprühenden, gesunden Erfahrung machen.

Ich stehe nun in meinem siebzigsten Lebensjahr, und ich bin eine starke, gesunde Frau. In vielerlei Hinsicht fühle ich mich jünger als mit dreißig oder vierzig, weil ich mich nicht länger dem Druck ausgesetzt fühle, gewisse Normen der Gesellschaft erfüllen zu müssen. Ich bin frei zu tun, was ich will. Ich habe aufgehört, nach Anerkennung zu streben, und es kümmert mich nicht mehr, was andere über mich sagen. Weil ich diese Lasten nicht mehr zu tragen brauche, gehe ich heute aufrechter und tue viel öfter Dinge, die mir Freude machen. Der Gruppendruck oder Gruppenzwang ist für mich weniger wichtig geworden. Mit anderen Worten: Zum ersten Mal in meinem Leben stehen meine eigenen Bedürfnisse an erster Stelle. Und das ist ein gutes Gefühl!

Wenn ich davon spreche, dass wir sehr viel länger leben könnten, denken viele Frauen: »Oh, ich will aber nicht all diese Jahre krank und arm sein!« Ist es nicht erstaunlich, wie unser Geist, wenn wir die Tür zu neuen Ideen und Möglichkeiten öffnen, sofort wieder zu einschränkenden Denkweisen zurückkehrt? Unsere letzten Jahre müssen durchaus nicht gleichbedeutend sein mit Armut, Krankheit, Einsamkeit und einem elenden Tod im Krankenhaus. Wenn wir diese Dinge heute in unserem Umfeld oft erleben, liegt das daran, dass wir sie aufgrund unserer bisherigen Glaubenssätze selbst erschaffen haben. Die Gedanken und Glaubensüberzeugungen, die wir heute wählen, bestimmen unsere Zukunft. Wir können unser Glaubenssystem jederzeit verändern. Einst haben wir geglaubt, die Erde sei flach. Heute ist das für uns nicht länger wahr.

Wie ich schon betont habe, entwickelt sich das Leben wellenförmig mit unterschiedlichen Lernerfahrungen und Evolutionsperioden. Heute befinden wir uns in einer neuen Entwicklungsphase. Die amerikanischen Babyboomer, die in den Jahren von 1946 bis 1965 geboren wurden, standen in vorderster Front dieses dramatischen Bewusstseinswandels. Leute mit fünfzig sind heute weit besser in Form, als das früher in diesem Alter der Fall war. Die Mehrzahl der Babyboomer-Generation kann leicht über neunzig Jahre alt werden. Fast ist es, als würden wir zweimal erwachsen werden. Und gegenwärtig finden wir heraus, dass unserer Lebensdauer möglicherweise keine Grenzen gesetzt sind – die Entscheidung liegt ganz und gar bei uns und hängt davon ab, wie rasch wir neue Vorstellungen über das Altwerden akzeptieren.

Ich bin mir bewusst, dass wir, wenn wir alle länger leben, die gesamte Struktur unserer Gesellschaft neu gestalten müssen, unsere Ruhestandsregelungen, unsere Versicherungssysteme und unsere Gesundheitsfürsorge. Aber das ist machbar. Ja, wir leben in einer Zeit großer Veränderungen für uns alle. Wir können nicht so weitermachen wie bisher, wenn wir wollen, dass unsere Lebensqualität sich weiter verbessert. Neues Denken, neue Ideen und neues Handeln sind gefragt.

Sogar unsere gegenwärtige Wohnform des Einfamilienhauses entspricht nicht mehr den menschlichen Bedürfnissen nach Nähe und Kommunikation. Ich glaube, wir brauchen eine andere Architektur und Lebensweise. Eigentumswohnungen und besonders die Seniorenheime mit ihren Regularien und Einschränkungen schneiden alte Menschen vom Leben ab. Wo sind dort die Kinder und Enkelkinder?

Wo ist Freude und Lachen? Ich glaube, wir brauchen mehr gemeinschaftliches Leben. Wir brauchen mehr Doppelhäuser, in denen zwei miteinander verwandte Familien jeweils ihren eigenen Wohnbereich haben, und doch Seite an Seite leben. Sehr günstig wären auch Häuser mit vier Wohneinheiten – dort können zwei Familien zusammenleben und die zwei weiteren Wohnungen vermieten, um so ihr Einkommen aufzubessern. Das würde helfen, den Kontakt zwischen alten Menschen und Kindern zu verbessern. Die Kinder halten die Alten jung, und die Alten können mit ihrer Weisheit und Erfahrung das Leben der Kinder bereichern. Es wäre ein Segen für die Gesellschaft, wenn es wieder Großfamilien gäbe, in denen mehrere Generationen zusammen oder nah beieinander leben.

Wegen meines »Alters« erhalte ich seit ein paar Jahren immer wieder Werbepost, in der mir die Vorzüge verschiedener Altenwohnheime und »Wohnparks für aktive Senioren« angepriesen werden. Ein Vorzug, der bei diesen Einrichtungen jedes Mal besonders herausgestellt wird, ist ein angeschlossenes oder nahegelegenes Pflegeheim oder Krankenhaus. Sie benutzen Formulierungen wie »qualifiziertes Pflegepersonal sorgt bei Bedarf für Ihre medizinische Betreuung«, »alle Vorteile medizinisch betreuten Seniorenwohnens«, »ärztlicher 24-Stunden-Notdienst« und »Ihre Medikamenteneinnahme wird durch das Pflegepersonal täglich überwacht«. Im Klartext sagen sie: »Wenn Sie krank werden, sind wir für Sie da«. Ich glaube, dass diese Denkweise alte Menschen in dem Glauben bestärkt, sie müssten krank werden.

Ich würde es begrüßen, wenn jemand ein Seniorenwohnprojekt einrichtet, an das ein ganzheitliches Gesundheitszentrum angeschlossen ist. Statt herkömmlicher Krankenpflege und Medizin sollten dort Chiropraktik, Akupunktur, Homöopathie, Traditionelle Chinesische

Medizin, Ernährungslehre und Kräuterkunde, Massage, Yoga, ein Fitnessclub und so weiter angeboten werden. Das wäre ein Ort, an dem jeder Bewohner sich auf einen gesunden, sorgenfreien Lebensabend freuen könnte. Ich bin sicher, dass eine solche Einrichtung in kürzester Zeit eine lange Warteliste hätte. Solche Altenwohnheime wünsche ich mir für die Zukunft.

Der von uns selbst geschaffene Jugendkult hat zu dem Unbehagen beigetragen, mit dem wir unseren Körper betrachten, ganz zu schweigen von unserer Angst vor Falten. Jede Veränderung unseres Gesichts und unseres Körpers ist für uns etwas Negatives, Verachtenswertes. Was für ein entsetzliches Selbstbild! Und doch ist es nur ein Gedanke, und Gedanken lassen sich verändern. Die Art und Weise, wie wir unseren Körper und uns selbst wahrnehmen, ist erlernt. Ich würde gerne erleben, dass wir alle diese falschen Ideen aufgeben und stattdessen unsere faszinierenden, wunderbaren Körper und Seelen lieben und wertschätzen.

Ein junges Mädchen, das ein negatives Selbstbild hat, wird häufig nach Gründen suchen, seinen Körper zu hassen, in dem Glauben, dass dort der Fehler liege. Wegen des großen Drucks, dem die Werbung uns aussetzt, glauben wir oft, dass etwas mit unserem Körper nicht stimmt. Wenn wir nur dünn genug, blond genug, groß genug wären – unsere Nase größer oder kleiner wäre, unser Lächeln strahlender – so geht die Liste endlos weiter. Selbst in unserer Jugend haben die meisten von uns nie wirklich den vorherrschenden Schönheitsnormen entsprochen.

Wenn wir älter werden, tragen wir diese Minderwertigkeitsgefühle weiter in uns. Immer wieder vergleichen wir, wie die Autorin Doreen Virtue schreibt, »unser Inneres mit dem Äußeren der anderen«. Das heißt, wir vergleichen die Art, wie wir uns innerlich fühlen, damit, wie andere Menschen äußerlich wirken. Diese internalisierten Minderwertigkeitsgefühle lassen sich niemals durch modische Kleider, Make-up oder andere äußerliche, oberflächliche Dinge heilen. Stattdessen können wir mit Affirmationen arbeiten, um unsere bewussten und unbewussten negativen Gedanken zu verändern. Wenn wir sie in Selbstliebe zum Ausdruck bringende Aussagen umwandeln, beispielsweise in »so, wie ich bin, bin ich schön« und »ich liebe mein Aussehen«, hilft uns das, dauerhafte Veränderungen herbeizuführen.

Für unser Wohlbefinden ist es von entscheidender Bedeutung, dass wir uns selbst ständig lieben und achten. Wenn es einen Teil Ihres Körpers gibt, mit dem Sie nicht glücklich sind, sollten Sie einen Monat lang immer wieder bewusst Liebe in diesen Bereich ausstrahlen. Sagen Sie Ihrem Körper ganz wörtlich, dass Sie ihn lieben. Sie können sich sogar für den Hass entschuldigen, den Sie ihm gegenüber früher empfunden haben. Diese Übung mag allzu simpel klingen, aber sie funktioniert. In jeder Phase unseres Daseins ist es wichtig, unsere Körper zu lieben, und wenn wir älter werden, wird diese Liebe geradezu lebensentscheidend.

Auf ihrer inspirierenden Hörkassette *Lighten Up* empfiehlt Carol Hansen allen Frauen, täglich ihren Körper fünf Minuten lang mit einer Lotion zu massieren und dabei jedem Körperteil zu sagen, wie sehr sie ihn lieben, und ihm für seine Dienste zu danken. Dr. Deepak Chopra (der Autor u. a. von *Die heilende Kraft in mir*) rät, vor dem Duschen den Körper vom Kopf bis zu den Zehen mit Sesamöl einzureiben. Wenn man Menschen, Orten und Dingen vermittelt, dass man sie liebt, bringt man damit das Beste in ihnen zum Vorschein. Die Liebe, die Sie sich heute schenken, wird den Rest Ihres Lebens bei Ihnen bleiben. So wie wir gelernt haben, uns selbst zu hassen, können wir auch lernen, uns zu lieben. Dazu braucht es lediglich innere Bereitschaft und ein wenig Übung.

Manchmal müssen wir zunächst alle alten, negativen Gedanken aus dem Weg räumen, damit Platz für neue Ideen geschaffen wird, ganz genauso, wie wir auch regelmäßig altes, unnützes Zeug aus unserem Leben entfernen sollten. Viele alte Menschen haben eine »Depressions-Haltung«: Sie horten und sammeln Dinge, die sie nicht länger brauchen. Wenn es bei Ihnen zu Hause Dinge gibt, die Ihnen nicht länger dienlich sind, sollten Sie sich davon trennen. Schenken Sie sie Obdachlosen oder anderen, die wirklich Verwendung dafür haben. Verkaufen Sie sie auf dem Trödelmarkt. Machen Sie regelmäßig Hausputz in Ihrem Leben und beginnen Sie neu – ohne den alten Müll und überlebte Erinnerungen. Vertrauen Sie sich immer wieder neu dem Leben an.

Ihre Zukunft ist immer hell und freundlich

Nur weil die Zahl unserer Jahre zunimmt, muss es keineswegs mit unserer Lebensqualität bergab gehen. Ich gehe bewusst davon aus, dass sich mein Leben mit jeder neuen Wendung positiv weiterentwickelt. Manches ist heute viel besser als während meiner Jugend. Als junger

Mensch steckte ich voller Ängste; heute bin ich von Zuversicht erfüllt.

Ich bin überzeugt, dass viele unserer Ängste völlig unnötig sind. Man hat uns diese angstvolle Haltung anerzogen. Sie ist uns einprogrammiert worden. Es handelt sich dabei lediglich um ein zur Gewohnheit gewordenes Denkmuster, das veränderbar ist. Viele Frauen denken negativ, wenn sie älter werden, und als Folge davon sind sie mit ihrem Lebensabend unzufrieden.

Ich möchte Ihnen dabei helfen, sich bewusst ein Idealbild Ihrer späten Jahre zu erschaffen. Machen Sie sich bewusst, dass diese Jahre die lohnendsten und erfülltesten Ihres ganzen Lebens sein können. Fühlen Sie innerlich, dass Ihre Zukunft immer hell und gut ist, ganz gleich, wie alt Sie sind. Stellen Sie sich bildhaft vor, dass Ihre letzten Jahre zur Krönung Ihres Lebens werden. Sie können zu den Exzellenten Alten gehören, zu jenen Menschen, die es verstehen, ein kraftvoller, aktiver, vitaler Teil der Gesellschaft zu sein, unabhängig von ihrem Alter.

Setzen Sie sich ruhig hin und lenken Sie Ihre Aufmerksamkeit nach innen. Denken Sie an all die Augenblicke, in denen Sie Freude empfanden, und übertragen Sie diese Freude auf Ihren Körper. Erinnern Sie sich an alle Momente, in denen Sie Erfolge erlebten, an die Momente, in denen Sie etwas taten, das Sie mit Stolz erfüllte, auch wenn es sich nur um Kleinigkeiten handelte. Lassen Sie sich ganz von dieser Freude und Zuversicht durchdringen. Schauen Sie nun zehn Jahre in die Zukunft. In welcher Verfassung und bei welchen Aktivitäten sehen Sie sich?

Wie sehen Sie aus? Wie fühlen Sie sich? Tragen Sie immer noch Freude in sich? Gehen Sie nun zwanzig Jahre die Straße hinunter. Was sehen Sie? Sind Sie lebendig, hellwach und nehmen interessiert am Leben teil? Sind Sie von liebevollen Freunden umgeben? Gehen Sie Tätigkeiten nach, die Ihnen große Freude und Erfüllung schenken? Welchen Beitrag leisten Sie zum Wohl der Menschheit? Nehmen Sie sich jetzt, heute, die Zeit, Ihre Zukunft zu visualisieren und zu erschaffen. Gestalten Sie diese Zukunft so gesund und hell und freudvoll, wie Sie nur können. Es ist Ihr Leben, und Sie allein werden es leben.

Glauben Sie niemals, es sei zu spät, oder Sie seien zu alt, um zu träumen und sich Ziele zu setzen. Träume und Ziele halten uns jung und bewirken, dass wir interessiert am Leben teilnehmen. Leben Sie intensiv in der Gegenwart und vergessen Sie die Vergangenheit.

Mein eigenes Leben bekam erst einen Sinn, als ich schon Mitte vierzig war. Im Alter von fünfzig Jahren gründete ich unter sehr bescheidenen Umständen meinen eigenen Verlag. Im ersten Jahr verdiente ich damit lediglich zweiundvierzig Dollar. Mit fünfundfünfzig wagte ich mich in die Welt der Computer vor. Anfangs machten sie mir Angst, aber ich absolvierte Computerkurse und verlor die Angst. Heute besitze ich drei Computer und reise nie ohne meinen Laptop. Mit sechzig legte ich mir einen eigenen Garten zu. Zur selben Zeit nahm ich Zeichenunterricht und begann zu malen. Heute, mit siebzig, werde ich von Jahr zu Jahr kreativer, und mein Leben wird immer reicher und erfüllter. Ich schreibe, halte Vorträge, unterrichte. Ständig lese ich und bilde mich weiter. Ich besitze einen sehr erfolgreichen Verlag. Ich bin eine begeisterte Biogärtnerin.

Ich baue den größten Teil meiner Nahrungsmittel selbst an. Ich liebe Geselligkeit und Partys. Ich habe viele liebevolle Freundinnen und Freunde. Ich reise viel. Einmal in der Woche besuche ich einen Malkurs. Mein Leben ist wahrhaftig zu einer Schatzkiste voller faszinierender Erfahrungen geworden.

Viele von Ihnen kommen nun wie ich in die späten Jahre, und wir sollten diese Lebensphase endlich in einem anderen Licht sehen. Sie brauchen Ihr Alter keineswegs so zu verbringen, wie es vielleicht bei Ihren Eltern der Fall war. Sie und ich können eine neue Lebensweise erschaffen. Wir können alle Regeln verändern. Wenn wir auf dem Weg in unsere Zukunft von unserem inneren Reichtum Gebrauch machen, erwartet uns nur Gutes. Wir können uns bewusstmachen und bejahen, dass alles, was geschieht, unserem höchsten Wohl und unserer größten Freude dient. Wir können fest daran glauben, dass wir auf all unseren Wegen sicher geführt werden.

Lernen wir, statt einfach nur alt zu werden, aufzugeben und zu sterben, einen kraftvollen positiven Beitrag zum Leben zu leisten! Wir haben die Zeit, wir verfügen über das nötige Wissen und die Weisheit, um voller Liebe und Kraft die Welt zu verändern. Die Gesellschaft sieht sich heute vielen Herausforderungen gegenüber. Es gibt viele Missstände und Probleme von globaler Natur, die unsere Aufmerksamkeit verlangen. Überlegen wir, wie wir gemeinsam dem Planeten helfen können! Es muss einen Grund dafür geben, dass wir heute länger leben. Was können wir am besten mit dieser zusätzlichen Zeit anfangen? Wenn wir nur »spielen« und die Zeit totschlagen, stellt sich rasch Langeweile ein.

Reden Sie, wenn Sie Ihre im Altenheim lebenden Freunde und Verwandten besuchen, statt über Ihre Krankheiten lieber darüber, wie Sie sich zusammentun und die soziale Situation in Ihrer Nachbarschaft positiv verändern können. Was können Sie dazu beitragen, das Leben für alle besser zu machen? Wie klein dieser Beitrag auch sein mag, er ist in jedem Fall wichtig und sinnvoll. Wenn alle Alten etwas Positives beitragen, können wir dadurch unser ganzes Land zum Besseren verändern.

Wenn wir uns in allen Bereichen der Gesellschaft aktiv einbringen, wird unsere Weisheit alle Ebenen des öffentlichen und privaten Lebens durchdringen und unser Land in einen Ort liebender Güte verwandeln. Ich ersuche Sie daher dringend: Stehen Sie auf, erheben Sie Ihre Stimme, gehen Sie hinaus in die Welt und vor allem leben Sie! Sie haben die Chance, Ihre persönliche Kraft zurückzugewinnen und ein Erbe zu hinterlassen, das Sie voller Stolz an Ihre Enkelkinder und deren Nachfahren weitergeben können.

Ob wir nun vierzehn, vierzig oder achtzig Jahre alt sind, wir alle altern unaufhörlich und gehen jenem Moment entgegen, an dem wir den Planeten verlassen. Alles, was wir tun, sagen und denken, bereitet uns auf den nächsten Schritt vor. Altern wir also bewusst und sterben wir bewusst! Eine gute Frage, die wir uns immer wieder stellen sollten, lautet: »Wie möchte ich gerne altern?« Schauen Sie sich um. Beobachten Sie jene Frauen, die auf elende Weise altern, und jene, die auf wunderbare Weise altern.

Wie unterscheidet sich das Verhalten dieser beiden Gruppen? Sind Sie bereit, alles Erforderliche zu tun, um in Ihren späten Jahren gesund, glücklich und zufrieden zu sein?

Die nächste Frage lautet dann: »Wie möchte ich gerne sterben?« Wir beschäftigen uns mit so vielen anderen Lebensbereichen, aber an unseren Tod denken wir nur selten, und wenn, dann voller Furcht. Wie immer Ihre Eltern gestorben sein mögen, für Sie selbst kann das Verlassen des Planeten eine positive Erfahrung sein. Wie bereiten Sie sich auf Ihren Tod vor? Wollen Sie krank und hilflos, an Schläuche angeschlossen, in einem Krankenhausbett Ihr Leben verlassen? Oder hätten Sie, wenn Ihre Zeit kommt, lieber eine vergnügte Nachmittags-Party mit Ihren Freunden, nach der Sie ein Nickerchen machen und nicht wieder aufwachen? Ich jedenfalls ziehe die Party eindeutig vor, und ich programmiere mich selbst darauf, dass mein Leben auf diese Weise endet. Sollten Sie gegenwärtig ein negatives Bild vom Sterben haben, können Sie dieses Bild jederzeit verändern. Wir alle können das Sterben zu einer friedlichen, freudigen Erfahrung machen.

Planetare oder globale Heilung wird möglich, wenn wir uns bewusst machen, dass unsere äußere Welt jene Energiemuster widerspiegelt, die wir in uns tragen. Ein wichtiger Aspekt jedes Heilungsprozesses besteht darin, unsere Verbundenheit mit allem Leben zu erkennen und positive Heilungsenergie hinaus in die Welt zu projizieren. Viele von uns blockieren ihre eigene Energie, weil sie sich nicht bewusst sind, welche Heilkraft vom Geben und Teilen ausgeht. Heilung ist ein ständiger Prozess, und wenn wir erst auf unsere eigene »Heilung« warten, ehe wir anderen unsere Liebe schenken, bekommen wir dazu vielleicht niemals Gelegenheit.

Der Spruch »Oh, ich bin viel zu alt, um dieses und jenes zu tun«, wird völlig aus der Mode kommen, wenn wir alte Menschen all das tun sehen, was ihnen angeblich nicht mehr möglich sein soll. Das Gefühl, »zu alt« zu sein, wird sich, wenn es überhaupt noch auftritt, auf die Zeit unmittelbar vor dem Tod beschränken. Es gibt keinen Grund, warum wir nicht bis zu unseren letzten Tagen ein erfülltes Leben führen sollten.

In Dallas gibt es eine Gruppe von Frauen im Alter von zweiundsechzig bis achtzig Jahren, die regelmäßig Karate praktizieren. Sie nennen sich »Magnolien aus Stahl« und führen ihre Karatekünste oft öffentlich vor. Sie gehen in Altenheime und demonstrieren, dass Karate ein für Seniorinnen durchaus geeigneter Sport ist. Auch sind diese Frauen in der Lage, sich selbst zu verteidigen, falls sie einmal angegriffen oder überfallen werden sollten.

In den USA gibt es zahllose Vereine älterer Frauen, die gemeinsam in Aktiengeschäfte investieren. Einige dieser Gruppen waren dabei ziemlich erfolgreich. Eine Gruppe in Illinois hat den *Beardstown Ladies Common Sense Investment Guide* veröffentlicht, einen Ratgeber für Investorinnen. Von diesem Buch wurden seit 1995 mehr als vierhunderttausend Exemplare verkauft.

Eine wissenschaftliche Studie in Pennsylvania ergab, dass Menschen, die die achtzig, ja sogar die neunzig überschritten haben, durch Gewichtheben ihren Körper revitalisieren können. Sie können die Kontrolle über Muskeln zurückerlangen, die seit Jahren inaktiv waren.

Die mit dem Altern oft einhergehende Unbeweglichkeit ist in Wirklichkeit eine Folge jahrelanger körperlicher Inaktivität. Die Trainer fanden heraus, dass über Neunzigjährige in weniger als zwei Monaten ihre Körperkräfte verdreifachen konnten. Dieses Training wirkte sich auch stimulierend auf ihre geistigen Fähigkeiten aus.

Gegenwärtig findet die Wissenschaft heraus, dass das Gehirn nur verkümmert, wenn wir es nicht mehr gebrauchen. Solange wir uns durch geistige Tätigkeiten und Übungen stimulieren und interessiert am Leben teilnehmen, bleibt das Gehirn leistungsfähig. Wenn wir unser Gehirn nicht mehr fordern, wird unser Leben dagegen dumpf und langweilig. Wie schal und eingeengt ist doch das Leben jener Leute, die körperlich inaktiv sind und nur über ihre Krankheiten reden!

Die meisten wissenschaftlichen Studien mit alten Menschen wurden von der Pharmaindustrie finanziert und beschäftigen sich dementsprechend ausschließlich mit Krankheit, damit, was mit uns Alten »nicht in Ordnung ist«, und mit den Medikamenten, die wir angeblich benötigen. Es müssten dringend sorgfältige Studien durchgeführt werden, die sich mit solchen Alten befassen, die gesund, glücklich und aktiv sind und sich ihres Lebens freuen. Je mehr wir erforschen, was mit alten Menschen »in Ordnung ist«, desto besser werden wir erkennen, was zu einem gesunden Leben dazugehört. Leider kann die Pharmaindustrie an gesunden Leuten kein Geld verdienen. Daher wird sie solche Studien niemals finanzieren.

Ganz gleich, wie alt wir sind oder welche Probleme wir haben, wir können noch heute damit beginnen, positive Veränderungen herbeizuführen. Sobald wir bereit sind, uns selbst Liebe und Fürsorge entgegenzubringen, werden wir lernen zu lieben. Wenn wir uns selbst jeden Tag ein bisschen mehr lieben, werden wir auch offener für die Liebe anderer. Das Gesetz der Liebe verlangt, dass wir uns auf das konzentrieren, was wir uns wünschen, nicht auf das, was wir uns nicht wünschen. Konzentrieren Sie sich darauf, sich selbst zu lieben. Benutzen Sie die Affirmation: »In diesem Moment liebe ich mich voll und ganz.«

Wenn wir später als ältere Menschen geachtet und respektiert werden wollen, dann müssen wir das Fundament dafür legen, indem wir heute die alten Menschen respektieren und achten, die uns im Alltag begegnen. So wie wir heute alte Menschen behandeln, werden wir später behandelt werden. Gegenwärtig sollten wir besonders auf die Stimme unserer vitalen, sich immer vernehmlicher zu Wort meldenden Seniorinnen hören. Von ihnen können wir sehr viel lernen. Diese Frauen bersten förmlich vor Energie, Weisheit und Wissen. Sie betrachten das Leben als einen Pfad des Erwachens; statt alt zu werden, entwickeln sie sich einfach immer weiter.

Sehr empfehlen möchte ich das Buch *In der Mitte des Lebens. Die Bewältigung vorhersehbarer Krisen* von Gail Sheehy. Ihre Einsichten bezüglich der Neugestaltung unseres Erwachsenenlebens und anstehenden Veränderungen hat mich tief im Herzen berührt und in mir den Wunsch geweckt, uns allen dabei zu helfen, Exzellente Alte zu werden. Wie jung Sie auch heute sein mögen, Sie werden vermutlich ziemlich lange leben, und daher sollten Sie jetzt schon für angenehme, erfüllte spätere Jahre vorsorgen.

Beim Herbeiführen dieser positiven Veränderungen kann es sehr nützlich sein, mit Affirmationen zu arbeiten. Zwar sind alle Gedanken und Worte, die wir verwenden, Affirmationen, doch wenn ich davon spreche, »mit Affirmationen zu arbeiten«, meine ich damit bewusst eingesetzte positive Aussagen, die unseren Geist auf das Akzeptieren einer neuen Lebensweise umprogrammieren. Wählen Sie Affirmationen, die Ihre persönliche Macht und Stärke als ältere Frau fördern, damit auch Sie zu den Exzellenten Alten gehören.

Sprechen Sie täglich mehrfach wenigstens eine der folgenden Affirmationen. Beginnen und beschließen Sie den Tag mit ihnen. Ihr Tag sollte mit positiven Gedanken anfangen und ausklingen.

Affirmationen für die Exzellenten Alten

Ich habe mein ganzes Leben noch vor mir.

Ich bin jung und schön in jedem Alter.

*Ich trage auf erfüllende, produktive Weise
zum Wohl der Menschheit bei.*

*Ich bestimme selbst über meine Finanzen,
meine Gesundheit und meine Zukunft.*

Ich werde von allen, denen ich begegne, geachtet.

Ich koste jeden Tag voll aus.

*Ich achte die Kinder und Jugendlichen
in meinem Leben.*

*Ich begrüße jeden neuen Tag energiegeladen
und freudig.*

Ich habe einen erholsamen Nachtschlaf.

Jeden Tag denke ich neue und andere Gedanken.

Mein Leben ist ein herrliches Abenteuer.

*Ich bin offen für alles Gute, was das Leben
mir zu bieten hat.*

*Meine Familie unterstützt mich, und ich
unterstütze sie.*

Für mich ist nichts unmöglich.

*Ich sage deutlich meine Meinung; meine Stimme
wird von den politisch und gesellschaftlich
Verantwortlichen gehört.*

*Ich nehme mir die Zeit, mit meinem
inneren Kind zu spielen.*

*Ich meditiere, mache ruhige Spaziergänge und
erfreue mich an der Schönheit der Natur;
ich genieße es, mir Zeiten des Alleinseins zu gönnen.*

*Lachen spielt in meinem Leben eine wichtige Rolle;
ich lasse andere gerne an meiner Freude teilhaben.*

Ich engagiere mich aktiv für die Heilung des Planeten.

Ich trage zur Harmonie des Lebens bei.

Ich habe alle Zeit der Welt.

Meine späten Jahre sind meine kostbarsten Jahre.

Eine Heilmeditation

Jedes neue Lebensjahr bringt mir Freude. Mein Wissen wächst kontinuierlich, und ich bin in Kontakt mit meiner Weisheit. Auf jedem Schritt meines Weges werde ich von Engeln geführt. Ich verstehe es, das Beste aus meinem Leben zu machen. Ich weiß, wie ich mich selbst jugendlich und gesund erhalten kann. Mein Körper erneuert sich unaufhörlich. Bis zu meinem letzten Tag bin ich vital, munter, gesund, lebenssprühend und leiste einen positiven Beitrag zum Wohle aller. Ich bin im Frieden mit meinem Alter. Meine Beziehungen zu anderen Menschen sind genauso, wie ich es mir wünsche. Ich erschaffe mir den Wohlstand, den ich benötige, um mich gut zu fühlen. Ich verstehe es, mich an meinen Erfolgen zu freuen. Meine späten Jahre sind meine kostbarsten Jahre, und ich gehöre zu den Exzellenten Alten. Ich gebe der Welt von nun an großzügig von meinen Talenten und Fähigkeiten, in dem Wissen, dass ich Liebe, Freude, Frieden und unendliche Weisheit bin, jetzt und ewig.

Und so sei es!

Schaffen Sie sich eine
finanziell gesicherte Zukunft

Viele Frauen sind sehr stark von den Männern in ihrem Leben umsorgt und beschützt worden. Männer sind häufig der Ansicht, Frauen sollten »sich über Geldangelegenheiten nicht den hübschen Kopf zerbrechen«. Vati oder Ehemann kümmern sich schon um diese Dinge. Solche Frauen lässt eine Scheidung oder der Tod ihres Mannes völlig unvorbereitet zurück. Unser hübscher Kopf ist durchaus fähig, den klugen Umgang mit Geld zu erlernen. In der Grundschule und in den ersten High-School-Jahren sind die Mädchen den Jungen in Mathematik fast immer voraus.

Frauen sollten sich heute gut über Geldanlagen und Investitionen informieren. Wir sind in diesen Dingen äußerst befähigt. Jede Frau sollte finanziell unabhängig sein, doch zu Hause und in der Schule wird uns der Umgang mit Geld nur selten beigebracht. Wir werden nicht mit der Welt der Ökonomie vertraut gemacht. In der traditionellen Familie kümmerte sich der Mann um das Geld, und die Frau um die Kinder und den Hausputz. Viele Frauen können deutlich besser mit Geld umgehen als Männer, und manche Männer sind viel talentierter im Kochen und Putzen als ihre Frauen. Die Behauptung, Finanzangelegenheiten seien eine Domäne der Männer, dient lediglich dazu, Frauen an ihrem Platz zu halten.

Viele Frauen fürchten sich vor dem Wort Finanzen einfach deshalb, weil die Beschäftigung damit neu für sie ist. Wir müssen uns von dem alten Denken befreien, dass Frauen angeblich von solchen Dingen nichts verstehen.

Wir glauben, uns auf bestimmten Gebieten nicht auszukennen, aber wir sind klüger als wir selbst glauben, und wir können dazulernen. Wir sollten uns weiterbilden, Lehrkassetten hören, Bücher lesen und Arbeitsgruppen ins Leben rufen. Wenn wir mehr über Geld und die Finanzwelt in Erfahrung bringen, werden wir uns weniger vor diesen Dingen fürchten.

Hier in San Diego gibt es gemeinnützige Organisationen, die Frauen kostenlos Weiterbildungskurse im Finanzbereich anbieten und sie in Kreditangelegenheiten beraten. An den meisten Hochschulen und Universitäten werden Abend- oder Wochenendkurse zu diesem Thema angeboten. Diese Kurse sollen Frauen helfen, in ökonomischen Fragen und bei Geldanlagen selbstständiger und sicherer zu werden. Das steigert ihr gesamtes Selbstvertrauen. Ich bin sicher, dass es auch an Ihrem Wohnort solche Angebote gibt. Informieren Sie sich.

Alle Frauen benötigen fundiertes Wissen im Umgang mit ihren Finanzen. Selbst wenn Sie eine glücklich verheiratete Frau sind, die mit einem Dasein als Hausfrau und Mutter zufrieden ist, sollten Sie über diese Dinge Bescheid wissen. Was ist, wenn Ihr Mann plötzlich stirbt oder sich scheiden lässt, und Sie gezwungen sind, Ihre Kinder allein großzuziehen? Dann geraten Frauen in Schwierigkeiten – wenn sie nicht gelernt haben, sich um ihre finanziellen Angelegenheiten selbst zu kümmern. Sorgen Sie lieber vor, indem Sie sich beizeiten gründlich informieren.

Vielleicht werden Sie dieses Wissen nie benötigen, aber es macht Sie auf jeden Fall stärker und selbstbewusster.

Selbst wenn Sie in sehr kleinem Rahmen beginnen,

Geld zurückzulegen, kann das der Grundstein für ein späteres eigenes Vermögen sein. Es macht Spaß, unsere Ersparnisse anwachsen zu sehen. Vom Sparen können wir dazu übergehen, Geld zu investieren. Dann arbeitet Ihr Geld für Sie, statt dass Sie für Ihr Geld arbeiten. Ich benutze jetzt schon seit einiger Zeit die Affirmation: Mein Einkommen wächst unaufhörlich, und ich bin in jeder Hinsicht wohlhabend. Ich habe daraus für mich ein persönliches Gesetz gemacht, und das können Sie auch. Es wird Ihnen dabei helfen, Ihr Geldbewusstsein zu verändern. Ich spreche aus Erfahrung, denn ich war früher arm, sehr arm. Lange Zeit besaß ich überhaupt kein Geld. Ich hatte kein Wohlstandsbewusstsein, sondern ein Armutsbewusstsein. Das, was ich heute bin, verdanke ich dem Gesetz positiven Denkens. Damit meine ich, dass sich mein Denken bezüglich meines Selbstbildes, des Lebens und des Geldes änderte. Als sich mein Denken änderte, änderten sich auch mein Bewusstsein und meine Welt.

Ich wurde in der Zeit der Wirtschaftsdepression geboren. Es gab praktisch kein Geld. Während meiner gesamten Kindheit gab es bei uns zu Hause kein warmes Wasser, und wir kochten auf einem Holzofen. Kühlschränke waren ein uns unbekannter Luxus. Als ich klein war, arbeitete mein Vater im WPA, einem von der Regierung finanzierten Arbeitsbeschaffungsprogramm, und verdiente ein wenig Geld, aber nicht viel. Ich weiß noch, wie begeistert ich war, als ich endlich eine Anstellung in einem Billigkaufhaus erhielt. So war es eben damals um mein Bewusstsein bestellt. Ich arbeitete als Lagergehilfin und Kellnerin; ich erledigte alle möglichen Aushilfstätigkeiten, weil ich damals glaubte, das sei genau das, was mir zustehe. Ich brauchte sehr lange, um mich von diesen einengenden Glaubenssätzen zu befreien. Als mein Verständnis wuchs, erkannte ich allmählich, dass im Universum eigentlich Fülle herrscht. Diese Fülle ist denen unter uns zugänglich, die bereit sind, ihr Bewusstsein zu erweitern. Das Universum liebt es zu geben. Wir sind es, die sich schwer damit tun, seine Geschenke anzunehmen. Unser Leben wird so lange von Mangelzuständen bestimmt sein, bis wir lernen, unser Bewusstsein für die Erkenntnis zu öffnen, dass uns Wohlstand zusteht, dass das unser natürlicher, vom Universum gewollter Zustand ist; dass wir es verdienen, wohlhabend zu sein, und dass es zu unseren natürlichen Fähigkeiten gehört, Wohlstand anzuziehen. Erst dann lassen wir es bewusst zu, dass das Universum uns reich beschenkt.

Die meisten Frauen sagen: »Ich wünsche mir mehr Geld«, »ich brauche Geld«. Und doch tun wir alles, um rings um uns Mauern herum aufzurichten, die das Geld daran hindern, zu uns zu gelangen. Die für einen Kursleiter vermutlich schwierigste Seminarform sind Seminare zum Thema Wohlstand. Die Leute werden sehr, sehr wütend, wenn man ihre Glaubenssätze bezüglich Wohlstand infrage stellt. Und jene Frauen, die am dringendsten Geld benötigen, besitzen in der Regel auch das ausgeprägteste Armuts- und Mangeldenken. Wenn man diese Glaubenssätze anzweifelt, geraten sie rasch in Wut. Wir alle können unsere einengenden Glaubenssätze verändern, doch je größer die nötigen Veränderungen sind, desto schwerer erscheint uns dieser Prozess, und desto mehr Furcht und Abwehr gegen das Neue können sich einstellen.

Stellen Sie auf jeden Fall eine Liste zu dem Thema auf, was Sie über Geld glauben. Notieren Sie darin alle Ihre Glaubenssätze in Gelddingen, jede Bemerkung zu Geld, Arbeit und Wohlstand, an die Sie sich aus Ihrer Kindheit erinnern. Schreiben Sie auch auf, wie Sie gefühlsmäßig zum Geld stehen. Hassen Sie Geld? Finden Sie es schmutzig? Zerknüllen Sie geringschätzig jeden Geldschein, der Ihnen in die Finger kommt? Haben Sie je liebevoll mit einem Zehn-Euro-Schein gesprochen? Segnen Sie alle Rechnungen, die Sie selbst ausstellen oder zu begleichen haben? Haben Sie Ihrer Telefongesellschaft je für den Service gedankt, den sie Ihnen zukommen lässt, und dafür, dass man auf Ihre Zahlungsfähigkeit vertraut? Sind Sie dankbar, wenn Sie Geld erhalten, oder beklagen Sie sich ständig, dass es viel zu wenig ist? Betrachten Sie genau, welche Einstellung Sie zum Geld haben! Sie werden überrascht sein, was Sie dabei herausfinden.

Als ich damit begann, über meinen allernötigsten täglichen Bedarf hinaus Geld in mein Leben zu ziehen, fühlte ich mich zunächst sehr, sehr schuldig. Ich verschenkte es oder gab es für unsinnige Dinge aus, um rasch wieder pleite sein zu können. Über zusätzliches Geld zu verfügen lief meinen früheren Glaubenssätzen so zuwider, dass ich auf unterbewusster Ebene bestrebt war, es so rasch wie möglich wieder loszuwerden. Ich brauchte lange, um diesen Glauben zu verändern und mir bewusst zu machen, dass es mir zusteht, Geld zu verdienen, es zu genießen und anzusparen.

Wir Frauen müssen begreifen, dass nur Dinge in unser Leben treten, die wir zuvor in unserem Bewusstsein erschaffen und sie uns so verdient haben – dem Gesetz richtigen Denkens entsprechend. Wir zahlen geistige Währung (positive Affirmationen) bei unserer kosmischen Bank ein. Wenn wir genug davon angespart haben, kehrt sie in Form von Wohlstand zu uns zurück. Sie sollten sich nicht schuldig fühlen, wenn Gutes in Ihr Leben strömt. Sie haben es sich bereits verdient! Sie müssen nicht dafür bezahlen; Sie haben Ihre Arbeit bereits getan. Darum sind diese guten Dinge da.

Wenn Ihr Einkommen wächst, Ihre berufliche Situation sich verbessert, Geld in Ihr Leben strömt, dann haben Sie sich all das bereits durch Ihr bewusstes Denken und Ihren Glauben verdient. Genießen Sie diesen neuen Zustand. Eine gute Affirmation in diesem Zusammenhang lautet: Ich habe mir diese Dinge bereits verdient. Sie stehen mir zu. Ich habe sie mir erarbeitet. Seien Sie dann froh und dankbar. Wie ich schon sagte: Das Universum liebt dankbare Menschen.

Verschwenden Sie keinen Gedanken auf die Frage, warum Sie wohlhabend sind, während andere Frauen unter Armut leiden. Wir alle stehen unter dem Gesetz unseres eigenen Bewusstseinszustandes. Alle Menschen besitzen die Fähigkeit, Gutes in ihr Leben zu ziehen, sobald sie ihr Bewusstsein für neue Ideen öffnen. Das spirituelle Erwachen ist uns jederzeit zugänglich; es liegt an uns, die entsprechende innere Bereitschaft zu entwickeln. Ob wir die Chancen und Möglichkeiten, die das Leben uns bietet, annehmen und nutzen, müssen wir selbst entscheiden. Wenn der Schüler bereit ist, erscheint der Lehrer – keinen Moment früher oder später.

Ich glaube, dass es eine gute Sache ist, sich selbst den sogenannten Zehnten zu schenken. Wenn Sie den zehnten Teil Ihres Einkommens sparen, signalisieren Sie damit dem Universum: »Ich bin wertvoll, ich verdiene Gutes und nehme es dankbar an.« Ich empfehle, dass Frauen zehn bis zwanzig Prozent Ihrer Einkünfte für Ihren eigenen Bedarf zurücklegen sollten. Geben Sie dieses Geld nicht für alltägliche Dinge aus, sondern sparen Sie es, um davon größere Ausgaben zu tätigen, etwa den Erwerb eines Hauses oder Geschäfts. Auch wenn es anfangs nur sehr kleine Summen sind, sollten Sie trotzdem damit beginnen, Geld zurückzulegen. Es ist verblüffend, wie rasch sich auf diese Weise größere Summen ansammeln. Den zehnten Teil seines Einkommens zu sparen, um davon persönliche Träume zu verwirklichen, ist ein Akt der Selbstliebe und hilft uns dabei, ein gesundes Selbstwertgefühl zu entwickeln.

Die Kirchen wollen, dass Sie den Zehnten ausschließlich Gott geben, indem Sie ihn Ihrer Kirche spenden. Aber Sie selbst sind ein Teil Gottes, ein Teil von Allem, Was Ist. Wenn Sie das möchten, können Sie natürlich gerne für Ihre spirituelle Quelle spenden, aber sparen Sie außerdem den Zehnten für sich selbst. Und machen Sie nicht den Fehler, damit zu warten, bis Sie mehr verdienen. Mit solchem Armutsdenken werden Sie nie genug verdienen, um davon den zehnten Teil zurückzulegen. Bringen Sie gleich jetzt den Glauben und das Vertrauen auf, dieses Geld von Ihren Einkünften abzuzweigen, noch ehe Sie Gelegenheit haben, es auszugeben! Dann können Sie mit dem, was übrigbleibt, Ihr Budget gestalten. Es ist erstaunlich, wie diese Methode Gutes in Ihr Leben zieht. Sich selbst den Zehnten zu spenden ist, als würden Sie sich einen Geldmagneten erschaffen!

Sorgen Sie selbst
für Ihre Gesundheit

Auch in diesem Kapitel richte ich mich vorrangig an meine Leserinnen, denn wir Frauen sollten uns über die vielen alternativen Behandlungsmethoden informieren, die uns heute für unsere medizinische Versorgung zur Verfügung stehen. Wir sollten uns nicht ausschließlich auf die Pillen der Pharmaindustrie verlassen. Deren Werbespots im Fernsehen werden uns niemals die Informationen liefern, die wir benötigen. Frei über den Ladentisch verkäufliche Medikamente können Symptome unterdrücken, aber mit wirklicher Heilung haben sie nichts zu tun. Wenn wir an alten Glaubenssystemen festhalten und weiter veraltete Methoden bei körperlichen Störungen einsetzen, können wir nur schwer unsere persönliche Macht zurückgewinnen.

Es ist an der Zeit, dass wir uns unsere Macht von der medizinischen und pharmazeutischen Industrie zurückholen. Wir haben uns bislang fest im Griff der High-Tech-Medizin befunden, die sehr teuer ist und oft unsere Gesundheit zerstört. Wir alle sollten heute lernen, selbst die Kontrolle über unsere Körper zu übernehmen und uns eine gute Gesundheit zu erschaffen. Auf diese Weise retten wir millionenfach Leben und sparen zugleich Milliarden Dollar ein. Wenn wir die Körper-Geist-Verbindung wirklich verstehen, werden die meisten unserer gesundheitlichen Probleme verschwinden.

In Ihrem örtlichen Reformhaus oder Naturkostladen finden Sie eine Fülle von Publikationen, die Ihnen vermitteln, wie Sie Ihre Gesundheit erhalten können. Alles, was Sie über sich selbst und über das Leben lernen, stärkt Ihr Selbstvertrauen und Ihre persönliche Macht. Nachdrücklich möchte ich Ihnen das Buch *Frauenkörper, Frauenweisheit* von Christiane Northrup empfehlen. Diese bekannte, ganzheitlich arbeitende Ärztin ist zu meiner persönlichen Mentorin geworden. Auch schlage ich Ihnen vor, Mitglied in Ihrem *Health Wisdom for Women Network* (auch im deutschsprachigen Raum gibt es Netzwerke für Frauengesundheit. Dazu können Sie sich im Internet informieren) zu werden. Sie gibt dort eine monatliche Veröffentlichung heraus, in der Sie darüber aufgeklärt werden, wie Sie Ihre Symptome auf natürliche Weise heilen können und aktuelle Informationen zu Fragen der weiblichen Gesundheit erhalten.

Die Bedeutung der Ernährung

Die Ernährung spielt für unsere Gesundheit und unser Wohlbefinden eine äußerst wichtige Rolle. In vielerlei Hinsicht sind wir, was wir essen. Meine grundlegende Philosophie zum Thema Essen lautet: Wenn es wächst, iss es; wenn es nicht wächst, iss es nicht. Früchte, Gemüse, Nüsse und Getreide wachsen. Schokokekse und Coca-Cola wachsen nicht. Ich glaube, dass die Fast-Food-Produkte unsere Gesundheit zerstören. Sind Sie sich der Tatsache bewusst, dass die fünf am meisten in amerikanischen Supermärkten verkauften Waren Coca-Cola, Pepsi-Cola, Campbell's Fertigsuppen, chemisch veränderter Käse und Bier sind? Diese Produkte besitzen keinerlei Nährwert, stecken voller Zucker und Salz und tragen zu den epidemisch verbreiteten Krankheiten in diesem Land bei. Informieren Sie sich über gesunde Ernährung. Das ist für Ihre Gesundheit von entscheidender Bedeutung. Industriell erzeugte Nahrungsmittel tragen nichts zu Ihrer Gesundheit bei, mögen die Bilder, die der Hersteller auf die Packung gedruckt hat, auch noch so schön sein.

Die heutigen Frauen werden sehr lange leben. Es gibt viel für uns zu tun, wenn wir diesen Planeten zu einem besseren Ort für alle Frauen machen wollen. Um das zu erreichen, müssen wir stark, beweglich und gesund sein. Wenn Sie ältere Frauen sehen, die hinfällig, krank und behindert sind, schauen Sie oft auf das Resultat eines Lebens voller ungesunder Ernährung, Mangel an körperlichem Training und belastet mit negativen Gedanken und Glaubenssätzen. So muss es nicht sein. Wir Frauen sollten lernen, gut für unsere wunderbaren Körper zu sorgen, damit wir in physischer Topform auf unseren Lebensabend zusteuern. Mit siebzig ließ ich mich mal wieder medizinisch durchchecken, und der Arzt sagte mir anschließend, für eine Person meines Alters befände ich mich in erstaunlich guter körperlicher Verfassung. Ich fand es verstörend, dass er offenbar davon ausging, eine Siebzigjährige müsse normalerweise bei schlechter Gesundheit sein!

Die Zellen Ihres Körpers sind lebendig und benötigen daher lebendige Nahrung, um zu wachsen und sich zu

reproduzieren. Frischkost ist für Ihre Ernährung von entscheidender Wichtigkeit. Das Leben hat uns bereits mit
allem versorgt, was wir brauchen, um uns zu ernähren
und gesund zu bleiben. Je einfacher wir essen, desto gesünder werden wir sein. Wir sollten sorgfältig darauf achten, was wir unserem Körper einverleiben! Denn wenn
wir es nicht selbst tun, wer dann? Durch ein bewusstes
Leben schützen wir uns vor Krankheit. Wenn Sie sich eine
Stunde nach dem Mittagessen schläfrig fühlen, dann hat
etwas, dass Sie gegessen haben, bei Ihnen zu einer allergi-
schen Reaktion geführt. Achten Sie darauf, was Sie essen.
Wählen Sie eine Ernährung, die Ihnen Energie verleiht.

Essen Sie so viel wie möglich biologisch angebautes
Obst und Gemüse. Aus Dr. Andrew Weils monatlichem
Newsletter erfuhr ich, dass von den im Supermarkt an-
gebotenen Obst- und Gemüsesorten die Folgenden die
meisten Pestizide enthalten (in dieser Reihenfolge): Erd-
beeren, Paprikaschoten, Spinat, in den USA geerntete Kir-
schen, Pfirsiche, in Mexiko geerntete Kantalupen, Sellerie,
Äpfel, Aprikosen, grüne Bohnen, chilenische Trauben
und Gurken.

Hören Sie nicht auf die Behauptungen der Milch und
Fleisch erzeugenden Industrie. Diesen Leuten ist Ihre
Gesundheit egal; sie interessieren sich nur für ihre Pro-
fite. Große Mengen rotes Fleisch und Milchprodukte zu
verzehren ist nicht gut für den weiblichen Körper. Allein
dadurch, dass Sie diese Nahrungsmittel aus Ihrer Ernährung streichen, können Menstruationsprobleme verschwinden und Symptome während der Menopause
gelindert werden. Koffein und Zucker sind die beiden
anderen Verantwortlichen für die meisten Gesundheits-

probleme von Frauen. Lernen Sie, sich auf gesunde Weise zu ernähren. Ihr Körper wird es Ihnen danken, indem er Energie und Kraft zurückgewinnt. Holen Sie sich Ihre Macht zurück. Lernen Sie Ihren Körper kennen. Wenn Sie sich gesund ernähren, werden Sie niemals eine Diät machen müssen.

Die Vorteile körperlichen Trainings

Eine ausgezeichnete Möglichkeit, sein Wohlbefinden zu steigern, besteht darin, sich Bewegung zu verschaffen. Bewegung ist für unsere Gesundheit unverzichtbar. Ohne körperliches Training werden unsere Knochen schwach und brüchig; sie benötigen regelmäßige Bewegung, um stark zu bleiben. Wir haben heute eine viel höhere Lebenserwartung, und wir möchten doch gewiss gerne bis zu unserem letzten Tag laufen, springen und tanzen! Finden Sie eine Form der Bewegung, die Ihnen Freude macht, und üben Sie sich regelmäßig darin. Alles, was Sie für sich selbst tun, ist entweder ein Ausdruck von Selbstliebe oder von Selbsthass. Körperertüchtigung ist Selbstliebe, und sich selbst zu lieben ist in allen Lebensbereichen der Schlüssel zum Erfolg.

Eine großartige »Ein-Minuten-Übung« ist es, hundertmal auf und ab zu hüpfen. Das geht ganz leicht, und hinterher fühlen Sie sich gut. Tanzen Sie zu Ihrer Lieblingsmusik. Rennen Sie einmal um den Block.

Auch könnten Sie sich ein Mini-Trampolin anschaffen und darauf hüpfen, anfangs ganz sachte. Das ist eine wirklich fröhliche Art des Trainings, und mit jedem

Sprung reinigen Sie Ihr Lymphsystem, kräftigen Ihr Herz und Ihre Knochen. Der Erfinder des Mini-Trampolins hat inzwischen die achtzig überschritten und propagiert noch immer überall die gute Nachricht, dass man bei entsprechendem Training auch im Alter topfit sein kann. Lassen Sie sich bloß nicht einreden, Sie seien zu alt, um sich Bewegung zu verschaffen.

Ein paar Gedanken zum Rauchen

Mit dem Rauchen aufzuhören ist mit das Beste, was Sie für Ihre Gesundheit tun können. Selbst wenn Sie nicht zu den vierhunderttausend Menschen gehören, die jedes Jahr an durch Rauchen verursachten Krankheiten sterben, stellt das Rauchen doch einen wesentlichen Faktor bei Ihren gesundheitlichen Problemen dar. Von Problemen mit den Eierstöcken über Lungenkrebs und Herzkrankheiten bis zur Osteoporose –, stets erhöht Rauchen das Risiko erheblich. Sucht und Leugnen der Gefahren spielen eine Hauptrolle, wenn eine Frau während der Schwangerschaft auf ihrem Tabakkonsum beharrt. Schon ihre Eitelkeit könnte für jede Frau ein guter Grund sein, sich das Rauchen abzugewöhnen: Es vergrößert die Poren, erzeugt Falten um den Mund und lässt die Haut vorzeitig altern. Außerdem riechen Raucherinnen wie schmutzige Aschenbecher. Wenn Sie sich entschließen, sich von dieser Sucht zu befreien, stehen Ihnen zahlreiche Hilfen zur Verfügung. Im Reformhaus gibt es viele Produkte, die Ihrem Körper dabei helfen, sein Gleichgewicht wiederzufinden. Akupunktur, Hypnose und die Traditionelle

Chinesische Medizin können Ihnen die Rauchentwöhnung erleichtern. Ihr Körper wird Sie lieben, wenn Sie ihn mit Respekt behandeln. Schädliche Substanzen aus Ihrem Körper zu entfernen ist ein Akt der Selbstliebe.

Die Menopause – normal und natürlich

Ich glaube, dass die Menopause ein normaler, natürlicher Lebensprozess ist. Es handelt sich dabei nicht um eine Krankheit. In jedem Monat scheidet der Körper während der Menstruation das Bett für ein Baby aus, das nicht empfangen wurde. Gleichzeitig werden auch viele Giftstoffe ausgeschieden. Wenn wir uns überwiegend von Junkfood ernähren, ja selbst bei der üblichen amerikanischen Ernährung aus industriell hergestellten Nahrungsmitteln – zwanzig Prozent Zucker und siebenunddreißig Prozent Fett – sammeln sich in unserem Körper unaufhörlich Giftstoffe an, vermutlich mehr als wir verarbeiten können.

Wenn sich zu Beginn der Wechseljahre eine Menge Giftstoffe in unserem Körper abgelagert haben, wird diese Zeit für uns erheblich problematischer. Je besser Sie also täglich für Ihren Körper sorgen, desto reibungsloser wird Ihre Menopause verlaufen. Dabei spielt es eine wesentliche Rolle, welches Selbstbild wir haben und wie wir seit der Pubertät mit unserem Körper umgegangen sind. Frauen, die in den Wechseljahren unter starken Beschwerden leiden, haben sich in der Regel seit langer Zeit schlecht ernährt und besitzen zudem ein sehr negatives Selbstbild.

Um die Jahrhundertwende betrug die durchschnittliche Lebenserwartung von Frauen neunundvierzig Jahre. Damals war die Menopause kein großes Thema. Wenn eine Frau in die Wechseljahre kam, war ihr Leben so gut wie vorbei. Heute haben wir eine Lebenserwartung von achtzig und bald schon neunzig Jahren, sodass die Menopause unsere Aufmerksamkeit verdient. Immer mehr Frauen übernehmen heute eine aktive, eigenverantwortliche Rolle in ihrer Gesundheitsfürsorge. Sie möchten in größerer Harmonie mit ihrem Körper leben, damit Übergangsprozesse wie die Menopause sich auf natürliche Weise vollziehen, ohne große Beschwerden und Lebenseinschränkungen. Die Frauen der »Babyboomer«-Generation treten in eine neue Ära ein, die der »Meno-Boomer«. Nun, da die Babyboomer die mittleren Jahre erreichen, hat sich das Interesse an dieser Lebensphase explosionsartig gesteigert.

Traditionelle amerikanische Indianerinnen kennen keine Menopause; sie menstruieren bis zu ihrem Tod. Der Menstruationszyklus wurde von den indianischen Frauen als Zeichen der Gesundheit betrachtet. Die Frauen von Northern Baja, die heute noch wie vor hundert Jahren leben, bekommen bis ins hohe Alter ihre Periode. Die Idee der Menopause ist ihnen fremd. Der Menstruationszyklus galt als eine Zeit der Weisheit, und das Wissen der indianischen Frauen hatte in ihrer Kultur einen hohen Stellenwert. In der Vergangenheit war es für Indianerinnen normal, noch Kinder zu bekommen, wenn sie bereits die sechzig überschritten hatten. Natürlich geschieht das heute seltener, da das beschleunigte Lebenstempo, die Fehlernährung und dergleichen sich auch bei ihnen auswirken. Wenn wir das Wissen der indigenen Völker der Erde studieren, werden wir, davon bin ich überzeugt, natürlichere Methoden finden, mit dem normalen Menstruationszyklus umzugehen. Dass traditionell lebende japanische Frauen nicht unter Hitzewallungen leiden, ist, wie ich gehört habe, darauf zurückzuführen, dass sie so viele Sojaprodukte essen.

Die Östrogentherapie finde ich erschreckend. Die meisten unserer Informationen über sie stammen von den Pharmafirmen, die natürlich ein starkes Interesse daran haben, ihre Produkte zu verkaufen. Ich stimme zu, dass diese Behandlung sich bei manchen Frauen positiv auswirkt. Doch eine »massenhaft angewandte Östrogentherapie bei Frauen von der Pubertät bis zum Grab«, wie einige Ärzte sie empfehlen, halte ich für keine gute Idee. Premarin, das heute so populär ist, wird aus dem Urin trächtiger Stuten hergestellt. Was soll daran gut für den Körper einer Frau sein? Die Natur in ihrer ganzen Weisheit hat unsere Körper so geschaffen, dass sie bis zu unserem letzten Tag perfekt funktionieren, sich selbst heilen und sehr lange leben können. Wir müssen auf dieses Wissen vertrauen, auf unsere innere Weisheit, statt auf Leute, die uns einreden wollen, unsere Körper würden nach der Menopause angeblich hinfällig und krank werden.

Ich würde es begrüßen, wenn endlich wissenschaftliche Studien über solche Frauen durchgeführt würden, die gesund sind und die Wechseljahre ohne Probleme durchleben. Während meiner Menopause hatte ich nur ein einziges Mal Hitzewallungen. Daraufhin erhielt ich ein homöopathisches Mittel, das dieses Symptom vollständig beseitigte.

Es hat sich herausgestellt, dass Progesteron oft viel hilfreicher für uns ist als Östrogen. Wenn wir glauben, wir litten unter Östrogenmangel, fehlt es uns sehr häufig in Wirklichkeit an Progesteron. Natürliches Progesteron, das aus der wilden mexikanischen Yamswurzel gewonnen wird, stimuliert außerdem den Knochenaufbau. Es regt die Osteoblast-Zellen dazu an, neues Knochengewebe zu bilden. Denken Sie daran: Knochen ist ein lebendiges Gewebe, und Knochenschwund lässt sich rückgängig machen. Natürliches Progesteron kann man in Reformhäusern als Creme kaufen. Diese Creme wird auf das weiche innere Gewebe des Körpers aufgetragen, wo sie gut absorbiert werden kann. Es treten dabei nicht die Nebenwirkungen wie bei synthetisch erzeugtem Östrogen auf. Progesteron lindert außerdem Menstruationsbeschwerden und viele Menopausen-Symptome.

Ich bestreite gar nicht, dass die Hormonersatz-Therapie bei manchen Frauen hilfreich ist. Die Behauptung vieler Vertreter des medizinischen Establishments, dass alle Frauen von der Menopause bis zu ihrem Tod eine solche Therapie benötigten, ist jedoch eine Verunglimpfung und Herabsetzung der Frauen mittleren Alters. Wir sollten nach Harmonie und Gleichgewicht in Körper und Geist streben. Dann werden potenziell schädliche, nebenwirkungsreiche medikamentöse Therapien höchstwahrscheinlich überflüssig.

Wie in allen anderen Lebensbereichen gilt auch hier, dass wir alle eine unterschiedliche Offenheit und innere Bereitschaft für alternative Methoden mitbringen. Viele von uns fühlen sich überfordert von der Verantwortung und der Hingabe, die dafür nötig sind, tief sitzende Konflikte und Blockaden in unserem Geist und Körper aufzuarbeiten und zu heilen. Wir sind so lange auf die Hilfe von Ärzten und Angehörigen anderer Heilberufe angewiesen, bis wir uns innerlich bereit dazu fühlen, uns einigen der Themen zu stellen, die unsere Gesundheit beeinträchtigen, etwa unseren Glaubenssätzen bezüglich unseres Selbstwertes. Ein in unserer patriarchalischen Gesellschaft leider sehr verbreiteter Glaube besagt, dass Frauen ohne ihre Gebärfähigkeit keinen oder einen nur geringen Wert besitzen. Ist es da ein Wunder, dass viele Frauen die Menopause fürchten und sich innerlich dagegen sträuben? Diese innere Problematik bleibt bei der Östrogentherapie völlig unberücksichtigt. Nur in unserem Denken und Fühlen können solche falschen Wahrnehmungen geheilt werden.

Ich wiederhole: Die Menopause ist keine Krankheit. Sie ist ein normaler, natürlicher Lebensprozess. Doch ihre Vermarktung ist zu einem Riesengeschäft geworden, und fast alle unsere Informationen zu diesem Thema stammen von der Pharmaindustrie. Es ist unbedingt erforderlich, dass wir Frauen uns darüber informieren, welche Alternativen uns tatsächlich offenstehen. Eins meiner Lieblingsbücher zum Thema ist *The Menopause Industry: How the Medical Establishment Exploits Women* von Sandra Coney. Darin dokumentiert die Autorin, dass die Ärzte sich bis in die Sechzigerjahre nicht sonderlich für die Menopause interessierten. Den Frauen wurde gesagt, dass sie sich ihre Beschwerden nur einbildeten. Coney schreibt außerdem: »Auf keinem Gebiet offenbart sich der tief verwurzelte Sexismus der Medizin krasser als beim Thema Menopause. Die neue Sicht der Menopause als Krankheit ist eine Form der sozialen Kontrolle. Statt die Unabhängigkeit und Selbstbestimmung der Frauen zu fördern, macht die moderne Medizin aus gesunden Frauen Patientinnen.«

Es gibt viele von Ernährungsfachleuten empfohlene Kräuter und viele homöopathische Arzneien, die in dieser Phase des Lebens äußerst hilfreich sind. Es existieren auch natürliche Substanzen, die das Östrogen ersetzen können. Sprechen Sie mit Ihrer Ernährungsberaterin darüber. Denken Sie daran, dass wir heutigen Frauen Pionierinnen sind, die daran arbeiten, alte, negative Glaubensmuster zu verändern, sodass unsere Töchter und Enkelinnen eine beschwerdefreie Menopause erleben können. Wir können lernen, unsere Menopause genauso zu planen, wie wir heute unsere Schwangerschaften planen.

Achten Sie bei Ihrer täglichen Meditation darauf, allen Teilen Ihres Körpers Liebe zu senden, besonders auch Ihren Geschlechts- und Fortpflanzungsorganen. Danken Sie diesen Organen dafür, dass sie Ihnen so gut dienen. Sagen Sie ihnen, dass Sie alles in Ihren Kräften Stehende tun werden, um sie gesund zu erhalten. Entwickeln Sie eine liebevolle Beziehung zu diesem Teil Ihres Körpers. Wenn Sie Ihren Körper mit Achtung behandeln, wird das diese Organe kräftigen. Fragen Sie Ihre Gebärmutter oder Ihre Eierstöcke, was sie sich von Ihnen wünschen. Planen Sie die Menopause gemeinsam als eine einfach zu bestehende Übergangzeit – angenehm für Ihre Organe und emotional angenehm. Die Liebe heilt, und wenn Sie Ihren Körper lieben, fördert das Ihr Wohlbefinden.

Kosmetische Chirurgie:
Es aus den richtigen Gründen tun

An kosmetischer Chirurgie ist nichts auszusetzen, solange sie aus vernünftigen Gründen angewandt wird. Wir müssen uns sehr genau darüber im Klaren sein, dass sich durch kosmetische Chirurgie keine emotionalen Probleme heilen lassen. Sie kann keinen Selbsthass auflösen und keine Ehe retten. Viel zu oft unterziehen sich Frauen kosmetischen Operationen aus dem Gefühl heraus, nicht gut genug zu sein. Doch dieses Gefühl wird durch eine Operation nicht verschwinden. Negative Glaubenssätze lassen sich nicht wegoperieren. Wenn man sich die Werbung für kosmetische Chirurgie anschaut, wird deutlich, dass dieses Gewerbe vom mangelnden Selbstwertgefühl der Frauen lebt.

Ich habe erlebt, dass Frauen, die von Selbsthass erfüllt waren, sich kosmetischen Operationen unterzogen, weil sie glaubten, dadurch schön zu werden. Infolge ihres Abscheus sich selbst gegenüber vertrauten sie sich prompt dem falschen Chirurgen an, und jetzt sehen sie schlimmer aus als vor der Operation. Ich erinnere mich an eine sehr hübsche junge Frau, die über keinerlei Selbstwertgefühl, keine Selbstliebe verfügte. Sie glaubte, alles würde schon in Ordnung kommen, wenn sie nur eine andere Nase hätte. Aus den falschen Gründen beharrte sie auf der Operation, und jetzt hat sie eine Nase, die wie bei einem Schwein aussieht. Ihr Problem hatte nicht das Geringste mit ihrer Nase zu tun.

Sie können Ihr Selbstwertgefühl nicht durch eine kosmetische Operation aufbessern. Das ist unmöglich. Vielleicht fühlen Sie sich vorübergehend besser. Doch schon bald werden die alten Wertlosigkeitsgefühle wieder auftauchen, und dann werden Sie denken: Nun, vielleicht wenn ich dieses Fältchen dort noch entfernen lasse … und so geht es endlos weiter. Gestern erzählte mir jemand, dass es jetzt schon Ellenbogenoperationen gibt, die Abhilfe versprechen, wenn die Haut Ihrer Ellenbogen durch das Alter schlaff wird. Da sagte ich mir: »Du meine Güte! Wo soll das noch hinführen? Wäre es nicht viel einfacher, Kleidung mit etwas längeren Ärmeln zu tragen?« Doch die Medien haben uns diese Art zu denken eingeimpft. Schenkt man den Botschaften der Werbung Glauben, müssen wir alle perfekte kleine magersüchtige Teenager sein, ohne Falten und ohne Fleisch. Dennoch sollten wir nicht allein den Firmen die Schuld geben, die diese Werbung in Auftrag geben. Wir sind es, die ihre Produkte kaufen. Wenn Frauen mehr Selbstachtung und Selbstliebe entwickeln, werden sie sich nicht mehr um das scheren, was in den Zeitschriften steht, und die Werbung wird sich verändern.

Lassen Sie es nicht zu, dass Ärzte mit Ihrem Körper herumexperimentieren. Wenn wir den Körper mit unnatürlichen Methoden dazu zwingen, etwas zu tun oder zu haben, das er eigentlich nicht will, fordern wir damit Probleme geradezu heraus. Spielen Sie nicht mit Mutter Natur herum. Schauen Sie sich an, welche Schwierigkeiten viele Frauen mit ihren Brustimplantaten haben. Wenn Ihre Brüste klein sind, sollten Sie sich an ihnen erfreuen. Den eigenen Brüsten gedanklich Liebe zu senden hat, kombiniert mit positiven Affirmationen, bei einigen Frauen zu einer messbaren Vergrößerung des Busens geführt. So geben Sie Ihrem Körper Liebe, und es tut ihm ungeheuer gut, geliebt zu werden. Außerdem glaube ich, dass wir genau den Körper haben, den wir uns vor unserer Inkarnation bewusst aussuchten. Seien Sie glücklich damit, was Sie sind. Ändern Sie vor allem Ihren Körper nicht, um andere Menschen zufriedenzustellen. Wenn andere Sie nicht so lieben, wie Sie sind, werden sie Sie auch dann nicht stärker lieben, wenn Sie ihnen Ihren Körper opfern.

Wenn Sie sich also dafür entscheiden, sich chirurgisch ein wenig liften und straffen zu lassen, sollten Sie sich sehr genau bewusst sein, warum Sie das tun. Schenken Sie Ihrem Körper vor, während und nach dem Eingriff sehr viel Liebe. Ich würde Affirmationen wie die folgende benutzen:

Ich habe einen liebevollen Chirurgen, der eine wundervolle Arbeit leistet. Der Eingriff vollzieht sich rasch und mühelos, und alles läuft perfekt. Der Arzt ist erfreut, wie schnell meine Haut hinterher verheilt. Ich bin mit den Ergebnissen sehr zufrieden. Alles ist gut, und ich bin sicher und geborgen.

Brustkrebs: Was bedeutet er?

Es gibt ein immer wiederkehrendes Muster, das mir bei nahezu allen Frauen aufgefallen ist, die an Brustkrebs erkranken. Diese Frauen sind auf extreme Weise unfähig, Nein zu sagen. Die Brüste repräsentieren das Genährtwerden, und Menschen mit Brustkrebs scheinen jeden in ihrer Umgebung zu nähren, nur nicht sich selbst. Sie finden es sehr schwierig, Nein zu sagen. Oft wurden sie von Eltern erzogen, die sich ihre Kinder durch das Wecken von Schuldgefühlen und andere Manipulationen gefügig machten. Nun bemühen sich diese Frauen, es allen recht zu machen, und sind durch die Wünsche und Ansprüche ihrer Umgebung einer ständigen Überforderung ausgesetzt. Sie opfern sich für andere auf und sagen Ja zu Ansprüchen, die sie innerlich eigentlich gar nicht erfüllen wollen. Sie geben und geben, bis für sie selbst keine Nahrung mehr übrig ist.

Das Neinsagen zu erlernen kann am Anfang sehr schwer sein, weil die Menschen in Ihrer Umgebung daran gewöhnt sind, dass Sie zu allem Ja sagen. Wenn Sie dann zum ersten Mal Nein sagen, werden sie wütend. Mit einer solchen Reaktion müssen Sie rechnen. Jeder Mensch, der lernt, Nein zu sagen, muss für eine Weile den Ärger der anderen in Kauf nehmen. Das erste Nein ist das schwerste. Wenn Sie lernen, Nein zu sagen, ist es sehr wichtig, dass Sie nicht zu Entschuldigungen Ausflucht nehmen, denn dann nutzen die anderen sofort diese Gelegenheit, um Ihnen die von Ihnen vorgebrachten Entschuldigungsgründe auszureden. Sagen Sie einfach Nein. »Nein, ich kann das nicht tun.« »Nie wieder.« »Nein, ich tue das nicht mehr.« Ein kurzer Satz, in dem das »Nein« klar und deutlich zum Ausdruck gebracht wird, ist am wirkungsvollsten. Natürlich wird die andere Person dann verärgert sein. Aber Sie müssen sich bewusst machen, dass dieser Ärger nichts mit Ihnen zu tun hat. Er hat ausschließlich etwas mit der betreffenden Person selbst zu tun. Sagen Sie sich immer wieder: Wenn ich zu dir Nein sage, sage ich Ja zu mir. Wiederholen Sie diese wirkungsvolle Affirmation häufig, dann werden Sie sich gut fühlen. Wenn Sie zu der anderen Person drei Mal Nein gesagt haben, wird sie damit aufhören, Sie mit ihrem Problem zu behelligen, weil sie erkannt hat, dass Sie ein anderer Mensch geworden sind. Sie haben nun eine neue innere Haltung eingenommen.

Für Menschen, die bislang ständig versucht haben, es allen recht zu machen, kann das erste Nein eine ziemliche Herausforderung darstellen. Ich weiß noch, wie sehr ich schwitzte, als ich zum ersten Mal meinen eigenen Willen behauptete. Ich glaubte, die Welt ginge unter. Aber das traf natürlich nicht ein; die Welt ging nicht unter, sondern veränderte sich, und ich besaß von da an mehr Selbstachtung. Machen Sie sich also klar, dass es einfach ein Prozess ist, durch den Sie hindurchmüssen. Die anderen werden wütend, weil Sie nun nicht mehr geben wollen oder, besser gesagt, nicht mehr im Übermaß geben wollen. Möglicherweise werden sie Ihnen sogar Selbstsucht vorwerfen. Aber in Wahrheit wollen Sie damit sagen, dass Sie nicht länger das tun, was die anderen wollen. Mehr bedeutet es nicht. Denken Sie immer daran, dass Sie Ja zu sich selbst sagen, wenn Sie zu anderen Nein sagen. Damit überwinden Sie gleichzeitig Ihre inneren Grollgefühle.

Ich kenne eine Frau, die sich gerade für eine gewisse Zeit von ihrem Mann getrennt hat; noch hat sie nicht endgültig entschieden, ob sie die Trennung aufrechterhalten will. Ihr Mann hat nun niemanden mehr, den er für die Dinge verantwortlich machen kann, die in seinem Leben schiefgehen. Es kann nicht die Schuld seiner Frau sein – sie ist ja nicht da. Er muss nun lernen, das Leben auf neue Weise zu betrachten. Ihre beiden erwachsenen Söhne respektieren sie jetzt, weil sie endlich einmal an sich denkt und tut, was sie für richtig hält. Es ist sehr interessant zu beobachten, wie die ganze Familie sich dadurch verändert. Es ist ihr schwergefallen, sich zu diesem Schritt durchzuringen, aber dann hat sie es doch getan, und ihr ganzes Leben hat dadurch eine neue Wendung genommen. Für jede Frau kommt die Zeit, wo sie sich fragen muss: »Was ist das Beste für mich?« Diese Frage hat sie sich vorher vielleicht nie gestellt. Ann Landers rät Frauen, die über eine Trennung oder Scheidung nachdenken, sich zu fragen: »Geht es mir besser, wenn ich gehe oder wenn ich bleibe?«

Achten Sie auf Ihr Herz

Während vier Prozent der Frauen dem Brustkrebs zum Opfer fallen, sterben sechsunddreißig Prozent an einer Herzerkrankung. Wir hören viel über die Gefahren des Brustkrebses, aber nur wenig über das Risiko einer Herzkrankheit bei Frauen. Und doch ist die Erkrankung des Herzens bei ihnen eine der häufigsten Todesursachen. Auch ist die Wahrscheinlichkeit, an den möglichen Komplikationen einer Bypass-Operation zu sterben, bei Frauen höher als bei Männern.

Es ist sehr wichtig für uns Frauen, dass wir gut für unser Herz sorgen. Eine fettreiche Ernährung tut keinem Menschen sonderlich gut. Auf der körperlichen Ebene tragen fettreiche Ernährung, Bewegungsmangel und Rauchen zu Koronarerkrankungen des Herzens bei. Aber gegen alle diese Dinge können wir etwas tun. Unser Herz attackiert niemals uns; wir attackieren unser Herz.

Auf der emotionalen Ebene repräsentieren das Herz und das Blut, das es pumpt, Liebe und Freude und unseren frühen Kontakt zu unserer Familie. Frauen mit Herzproblemen leiden in der Regel unter ungelösten familiären Konflikten, die ihrem Leben Freude und Liebe rauben. Vielleicht fürchten sie sich davor, sich für die Liebe zu öffnen. Unser Herz vor der Liebe zu verschließen bedeutet auf einer symbolischen Ebene nichts anderes, als dass wir unserem Herzen die Zufuhr der Lebensenergie abschneiden.

Die emotionalen Ursachen für sehr viele Krankheiten lassen sich immer wieder auf die Frage der Vergebung zurückführen. Die spirituelle Lektion der Vergebung ist für uns alle schwer zu lernen. Doch nur durch sie wird wahre Heilung möglich. Wir alle erleben Verrat oder Verlust in irgendeiner Form. Zum spirituellen Reifungsprozess gehört es dazu, dass wir mit negativen Erfahrungen ins Reine kommen und den daran Beteiligten vergeben. Die Vergangenheit ist vorbei und lässt sich nicht mehr ändern. Wenn wir lernen, das Vergangene loszulassen, sind wir frei, ganz im Jetzt zu leben. Solange wir an die Vergangenheit gebunden sind und nicht vergeben wollen, können wir nicht glücklich, gesund, erfüllt und frei sein. Vergebung, Selbstliebe und das Leben im Hier und Jetzt sind für uns alle die größten spirituellen Lernaufgaben. Dadurch wird unser Herz geheilt.

Setzen Sie sich einmal am Tag ruhig hin und legen Sie dabei die Hände auf Ihr Herz. Senden Sie ihm Liebe, und spüren Sie die Liebe, die Ihr Herz Ihnen schenkt. Es schlug schon für Sie, noch bevor Sie geboren wurden, und wird für Sie unermüdlich tätig sein, bis Sie sich dafür entscheiden, diese Welt zu verlassen. Blicken Sie in Ihr Herz und prüfen Sie, ob sich dort Bitterkeit oder Grollgefühle festgesetzt haben. Spülen Sie diese Gefühle sanft fort, indem Sie Vergebung und Verständnis praktizieren. Wenn Sie versuchen, alles aus einer größeren Perspektive zu sehen, erkennen Sie die Lektion, die vermeintlich negative Erfahrungen für Sie bereithalten. Senden Sie allen Mitgliedern Ihrer Familie Liebe und vergeben Sie ihnen. Spüren Sie, wie Ihr Herz sich entspannt und von Frieden erfüllt wird. Ihr Herz ist Liebe, und das Blut in Ihren Adern ist Freude. Ihr Herz pumpt nun liebevoll Freude durch Ihren Körper. Alles ist gut, und Sie sind sicher und geborgen.

Zur Stärkung unserer Gesundheit und für eine liebevolle Beziehung zu unserem Körper

Dies ist eine angenehme und leichte Lebensphase für mich.

Ich bin angenehm überrascht, wie mühelos sich mein Körper an die Wechseljahre anpasst.

Ich schlafe nachts gut.

Mein Körper ist ein wunderbarer Freund; wir erleben zusammen eine wunderbare Zeit.

Ich achte auf die Botschaften meines Körpers und handele dementsprechend.

*Ich nehme mir die Zeit zu lernen, wie mein Körper
funktioniert und welche Nahrung er benötigt,
um optimal gesund zu sein.*

*Je mehr ich meinen Körper liebe, desto gesünder
fühle ich mich.*

Hallo, Körper, danke dafür, dass du so gesund bist.

Du siehst heute wieder toll aus.

*Es ist mir eine Freude, dich durch meine Liebe
aufblühen zu lassen.*

Du hast wunderschöne Augen.

Ich liebe deine schöne Figur.

Ich liebe jeden Zentimeter an dir.

Ich liebe dich von ganzem Herzen.

*Ich liebe dich, mein Körper, weil du mich
aufrechterhältst.*

Du bist so ein wunderschöner Körper.

*Danke, dass du heute so beweglich und
kooperativ bist.*

Ich liebe es, deine Kraft und Anmut zu sehen.

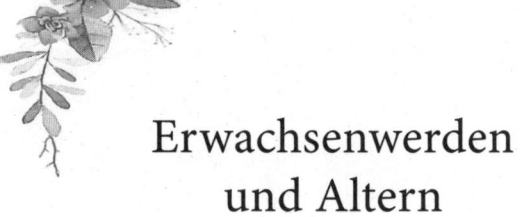

Erwachsenwerden
und Altern

Schenken Sie Ihren Eltern so viel Verständnis,
wie Sie es von ihnen erwarten.

Die Kommunikation mit den Eltern

Meine Teenager-Zeit war die schwierigste überhaupt. Ich hatte so viele Fragen, aber ich wollte nicht auf die hören, die glaubten, im Besitz der Antworten zu sein, besonders nicht auf die Erwachsenen. Ich wollte alles selbst kennenlernen, denn ich traute dem Wissen nicht, das die Erwachsenen an mich weitergaben.

Gegenüber meinen Eltern empfand ich eine besondere Feindseligkeit, weil ich als Kind misshandelt worden war. Ich begriff nicht, wie mein Stiefvater mich so hatte behandeln können. Und ich verstand nicht, dass meine Mutter einfach ignoriert hatte, was er mir antat. Ich fühlte mich betrogen und missverstanden, und ich war sicher, dass meine Familie im Besonderen und die Welt im Allgemeinen gegen mich waren.

In den vielen Jahren, in denen ich jetzt andere Menschen berate, besonders junge Menschen, habe ich herausgefunden, dass viele Menschen gegenüber ihren Eltern ähnliche Gefühle hegen, wie ich sie hatte. Einige Worte, mit denen Teenager häufig ihre Lage beschreiben, lauten: eingeengt, verurteilt, beobachtet und missverstanden.

Natürlich wäre es wunderbar, wenn wir alle Eltern hätten, die sich in jeder Situation richtig verhielten; doch in den meisten Fällen ist das nicht möglich. Obgleich unsere Eltern nur normale menschliche Wesen sind wie wir alle, haben wir oft das Gefühl, dass sie sich uns gegenüber unfair und uneinsichtig verhalten, und kein Verständnis haben für das, was wir durchmachen.

Ein junger Mann, der sich von mir beraten ließ, hatte ein sehr schwieriges Verhältnis zu seinem Vater. Er glaubte, dass sie nichts gemeinsam hatten, und wenn sein Vater mit ihm sprach, dann nur, um eine negative oder abfällige Bemerkung zu machen. Ich fragte den jungen Mann, ob er wisse, wie sein Großvater seinen Vater behandelt habe, und er gestand ein, es nicht zu wissen. Sein Großvater war schon vor seiner Geburt gestorben.

Ich schlug ihm vor, er solle seinen Vater einmal nach seiner eigenen Kindheit fragen. Zunächst zögerte der junge Mann, weil er stets das Gefühl hatte, lächerlich gemacht und kritisiert zu werden, wenn er sich mit seinem Vater unterhielt. Doch schließlich gab er sich einen Ruck und sprach seinen Vater darauf an.

Als ich ihn das nächste Mal sah, schien der junge Mann sich sichtlich wohler zu fühlen. »Puh!« rief er aus. »Mir war gar nicht klar, was für eine Kindheit mein Vater hatte.« Sein Großvater hatte darauf bestanden, von allen seinen Kindern mit Sir angeredet zu werden, und sie hatten nach der alten Regel zu leben, dass man Kinder sah, aber nicht hörte. Wenn sie es wagten, Widerworte zu äußern, wurden sie heftig geprügelt. Kein Wunder, dass sein Vater ihm gegenüber so kritisch eingestellt war.

Wenn wir erwachsen werden, haben viele von uns die gute Absicht, ihre Kinder anders zu behandeln, als sie selbst behandelt wurden. Doch wir lernen von unserer Umgebung, und früher oder später fangen wir an, genau wie unsere Eltern zu reden und uns genau wie sie zu benehmen.

Im Falle dieses jungen Mannes überhäufte sein Vater ihn mit den gleichen negativen Äußerungen, die er selbst von seinem Vater zu hören bekommen hatte. Vermutlich war das ursprünglich gar nicht seine Absicht gewesen; er verhielt sich lediglich so, wie es seiner Erziehung entsprach.

Doch der junge Mann verstand seinen Vater jetzt etwas besser, und ihre Kommunikation verlief freier und offener. Natürlich waren noch einige Anstrengungen auf beiden Seiten nötig, um ihr Verhältnis weiter zu verbessern, aber sie befanden sich nun auf dem richtigen Weg.

Ich bin der festen Überzeugung, dass es für uns alle sehr wichtig ist, mehr über die Kindheit unserer Eltern in Erfahrung zu bringen. Wenn Ihre Eltern noch leben, können Sie sie fragen: »Wie war es, als du erwachsen wurdest? Wie sah es in deiner Familie mit der Liebe aus? Wie bestraften dich deine Eltern? Welchem Gruppendruck seitens deiner Alterskameraden warst du ausgesetzt? Mochten deine Eltern die Mädchen bzw. Jungen, mit denen du dich verabredetest? Hast du als Jugendlicher selbst Geld verdienen müssen?«

Indem Sie mehr über Ihre Eltern erfahren, erkennen Sie die Muster, die sie zu dem werden ließen, was sie heute sind; und Sie verstehen, warum sie Sie so behandeln, wie sie es tun. Wenn wir Verständnis für unsere Eltern entwickeln, sehen wir sie in einem neuen, liebevolleren Licht. So gelingt es Ihnen vielleicht, die Tür für eine kommunikativere, liebevollere Beziehung zu öffnen – eine Beziehung, die auf gegenseitigem Respekt und Vertrauen basiert.

Wenn es Ihnen schwerfällt, überhaupt mit Ihren Eltern zu sprechen, üben Sie es erst in Gedanken oder vor dem Spiegel. Stellen Sie sich vor, dass Sie zu ihnen sagen: »Da ist etwas, worüber ich mit euch reden möchte.« Üben Sie das mehrere Tage hintereinander. Es wird Ihnen helfen zu entscheiden, was Sie Ihren Eltern sagen wollen und wie Sie es sagen wollen.

Oder machen Sie eine Meditation, in der Sie mit Ihrem Vater und Ihrer Mutter sprechen und alte Konflikte bereinigen. Vergeben Sie ihnen, und vergeben Sie sich selbst. Sagen Sie ihnen, dass Sie sie lieben. Bereiten Sie sich dann darauf vor, ihnen dasselbe von Angesicht zu Angesicht zu sagen.

Ein junger Mann, der in einer meiner Gruppen mitmachte, erzählte mir, dass er ständig wütend sei und anderen nicht vertraute. Sein Ärger war zu einem festen Muster in allen seinen zwischenmenschlichen Beziehungen geworden. Als wir dem Kern des Problems auf den Grund gingen, sagte er mir, dass er große Wut auf seinen Vater hatte, weil der nicht der Mensch war, den sein Sohn gern in ihm gesehen hätte.

Wie schon gesagt: Wenn wir uns auf einem spirituellen Weg befinden, erkennen wir, dass der Versuch, andere Menschen zu ändern, sinnlos ist. Zuerst müssen wir all die negativen Gefühle loslassen, die wir heimlich gegen unsere Eltern hegen, und dann müssen wir ihnen vergeben, dass sie nicht so sind, wie wir es gerne hätten. Wir wollen immer, dass alle anderen wie wir selbst sind, wie wir selbst denken, sich kleiden wie wir, sich verhalten wie wir. Doch wie Sie wissen, sind wir alle verschieden.

Um selbst den Freiraum zu haben, wir selbst zu sein, müssen wir diesen Freiraum auch anderen Menschen einräumen. Indem wir unsere Eltern zwingen, etwas zu sein, das sie in Wirklichkeit nicht sind, schneiden wir sie von unserer Liebe ab. Wir verurteilen unsere Eltern, so wie sie uns verurteilen. Wenn wir uns unseren Eltern öffnen möchten, müssen wir zunächst unsere vorgefassten Ansichten über sie aufgeben.

Viele von Ihnen fahren auch als Erwachsene fort, Machtspiele mit Ihren Eltern auszufechten. Eltern ziehen dabei gern alle Register. Wenn Sie also mit diesen Spielen aufhören wollen, sollten Sie einfach nicht mehr mitmachen. Es ist Zeit, dass Sie erwachsen werden und selbst entscheiden, was Sie wollen. Sie können damit anfangen, dass Sie Ihre Eltern beim Vornamen nennen. Wenn Sie sie mit vierzig immer noch Mama und Papa nennen, bleiben Sie damit nur in der Rolle des kleinen Kindes stecken. Spielen Sie nicht mehr die Rolle des Kindes, sondern begegnen Sie Ihren Eltern als erwachsener Mensch.

Auch können Sie sich eine Affirmation zurechtlegen, die in allen Einzelheiten die Beziehung beschreibt, die Sie sich zu Ihren Eltern wünschen. Sagen Sie diese Worte anfangs nur sich selbst vor. Später können Sie es dann Ihren Eltern von Angesicht zu Angesicht sagen. Wenn Ihre Mutter oder Ihr Vater immer noch versuchen, Sie zu manipulieren, dann haben Sie ihnen Ihren Standpunkt nicht genügend klargemacht. Sie haben das Recht, Ihr eigenes Leben nach Ihren eigenen Wünschen zu leben. Sie haben das Recht, erwachsen zu sein. Das ist oft nicht leicht, ich weiß. Werden Sie sich darüber klar, was Sie wollen, und sagen Sie es dann Ihren Eltern, ohne Sie anzugreifen. Fragen Sie: »Wie können wir das gemeinsam in den Griff bekommen?«

Denken Sie daran: Aus Verständnis erwächst Vergebung, und aus Vergebung erwächst Liebe. Wenn wir den Punkt erreichen, wo wir unseren Eltern vergeben und sie lieben können, sind wir auf dem besten Wege dazu, allgemein reiche und schöne Beziehungen zu unseren Mitmenschen zu entwickeln.

Teenager brauchen Selbstachtung

Ich finde es alarmierend, dass die Selbstmordrate unter unseren Teenagern derartig zunimmt. Wie es scheint, fühlen sich immer mehr junge Menschen überfordert von der Verantwortung, die das Leben mit sich bringt; sie sind eher bereit aufzugeben, als durchzuhalten und sich auf das Abenteuer des Lebens in seiner ganzen Vielfalt einzulassen. Das hängt zu einem großen Teil damit zusammen, welche Erwartungen wir, die Erwachsenen, an sie stellen. Wollen wir, dass sie sich im Leben so verhalten, wie wir es an ihrer Stelle täten? Bombardieren wir sie mit Negativität?

Die Phase zwischen dem zehnten und fünfzehnten Lebensjahr kann eine sehr kritische Zeit sein. Kinder dieser

Altersgruppe neigen dazu, sich anzupassen, und sie tun alles, um von ihren Altersgenossen akzeptiert zu werden. In ihrem Bedürfnis nach Anerkennung verbergen sie oft ihre wahren Gefühle aus Furcht, nicht akzeptiert und geliebt zu werden, wenn sie sich so geben, wie sie wirklich sind.

Der Gruppendruck und der soziale Stress, denen ich ausgesetzt war, als ich in diesem Alter war, verblassen neben dem, was heutige Jugendliche erdulden müssen. Und doch verließ ich mit fünfzehn Jahren Schule und Elternhaus, um meinen eigenen Weg zu gehen, weil man mich körperlich und seelisch misshandelt hatte. Bedenken Sie, womit die Kinder heute alles konfrontiert sind: Drogenmissbrauch, Gewalt, durch Geschlechtsverkehr übertragbare Krankheiten, Straßenbanden, Familienprobleme; und auf einer globalen Ebene Atomkrieg, Umweltzerstörung, Kriminalität und so vieles mehr.

Als Eltern können Sie mit Ihren Kindern über die Unterschiede zwischen negativem und positivem Gruppendruck sprechen. Gruppendruck sind wir vom Moment unserer Geburt an ausgesetzt bis zu dem Tag, an dem wir den Planeten verlassen. Wir müssen lernen, damit umzugehen, ohne uns von diesem Druck beherrschen zu lassen.

Ebenso wichtig ist es für uns, zu erkennen und zu verstehen, warum unsere Kinder scheu, boshaft, traurig, schlecht in der Schule, destruktiv und so weiter sind. Kinder werden sehr stark durch die in ihrem Elternhaus vorherrschenden Denk- und Gefühlsmuster beeinflusst. Sie treffen ihre täglichen Entscheidungen auf der Grundlage dieses Glaubenssystems. Wenn die Kinder zu Hause keine Liebe und kein Vertrauen finden, werden sie an-

derswo Vertrauen und Mitgefühl suchen. Viele Straßenbanden bieten den Kindern ein Gefühl der Geborgenheit.
Sie bilden eine Art Familie, wie gestört eine solche Gruppe
auch sein mag.

Ich glaube, dass sich eine Menge Schwierigkeiten vermeiden ließen, wenn wir junge Menschen lehren könnten, sich, bevor sie etwas tun, stets eine wichtige Frage zu
stellen: »Werde ich mich dadurch besser fühlen?« Wir
können unseren Teenagern dabei helfen, in jeder Situation alle möglichen Alternativen zu sehen. Wenn sie
sich ihrer Wahlmöglichkeiten und ihrer Verantwortung
bewusst werden, gewinnen sie dadurch die Macht über
ihr Leben zurück. Das versetzt sie in die Lage zu handeln
und sich nicht länger als Opfer des Systems zu fühlen.

Wenn wir Kinder lehren können, dass sie nie Opfer sind
und es ihnen möglich ist, ihre Erfahrungen zu verändern,
indem sie die Verantwortung für ihr Leben übernehmen,
wird sich vieles zum Besseren verändern.

Es ist lebenswichtig, die Kommunikationskanäle zu
unseren Kindern stets offenzuhalten, besonders während
ihrer Teenagerzeit. Wenn Kinder anfangen, über ihre
Vorlieben und Abneigungen zu reden, bekommen sie
meistens nur zu hören: »Sag das nicht. Tu das nicht.
Fühle nicht so. Verhalte dich nicht so. Sei nicht so.«
Schließlich brechen die Kinder die Kommunikation ganz
ab und laufen manchmal sogar von zu Hause fort. Wenn
Sie möchten, dass Sie auch im Alter noch einen guten
Kontakt zu Ihren Kindern haben, sollten Sie sich beizeiten um eine gute Verständigung mit Ihren Kindern
bemühen.

Preisen Sie die Einzigartigkeit Ihres Kindes. Gestatten Sie es Ihrem Teenager, seinen eigenen Stil zu finden, auch wenn es sich dabei in Ihren Augen nur um eine Modetorheit handelt. Machen Sie Ihren Kindern keine Vorwürfe und kritisieren Sie nicht an ihnen herum. Ich habe in meinem Leben, weiß Gott, schon viele Modetorheiten mitgemacht, und das dürfte auch für Sie selbst und Ihre Kinder gelten.

Kinder lernen von unserem Verhalten

Kinder tun niemals das, was sie von uns gesagt bekommen; sie tun das, was wir selbst tun. Wir können ihnen nicht sagen, »rauche nicht«, oder »trinke nicht«, oder »nimm keine Drogen«, wenn wir selbst uns nicht dementsprechend verhalten. Wir müssen ihnen als Vorbilder dienen und selbst das Verhalten zeigen, welches wir bei unseren Kindern gerne sehen möchten. Wenn Eltern bereit sind, an ihrer Selbstliebe zu arbeiten, entsteht dadurch in ihren Familien eine erstaunliche Harmonie. Kinder reagieren darauf mit einem neuen Gefühl der Selbstachtung und fangen an, sich selbst zu mögen und zu respektieren.

Eine die Selbstachtung fördernde Übung, die Sie mit Ihren Kindern gemeinsam machen können, besteht darin, eine Liste mit einigen Zielen aufzustellen, die Sie gern erreichen möchten. Bitten Sie Ihre Kinder aufzuschreiben, wie sie sich selbst in zehn Jahren, in einem Jahr, in drei Monaten sehen. Welche Art zu leben wünschen sie sich? Welche Freunde hätten sie gern? Bitten Sie sie, ihre Ziele jeweils mit einer kurzen Beschreibung zu notieren und auch zu überlegen, wie sie ihre Träume verwirklichen können. Tun Sie das Gleiche.

Sie sollten die Listen aufheben, damit Sie Ihre Ziele nicht vergessen. Nach drei Monaten können Sie die Listen gemeinsam durchgehen. Haben die Ziele sich verändert? Achten Sie darauf, dass Ihre Kinder sich keine Selbstvorwürfe machen, wenn sie nicht alles Gewünschte erreicht haben. Sie können ihre Listen jederzeit abändern. Das Wichtige dabei ist, jungen Menschen eine positive Zukunftsperspektive zu vermitteln!

Trennung und Scheidung

Wenn es zu einer Trennung und/oder Scheidung kommt, ist es wichtig, dass beide Eltern den Kindern helfen. Es ist eine große Belastung für ein Kind, wenn ihm gesagt wird, dass der jeweils andere Elternteil ein schlechter Mensch sei.

Als Mutter oder Vater müssen Sie sich selbst trotz aller Angst und aller Wut, die Sie in einer solchen Situation durchleben, so viel Liebe wie möglich schenken. Das Kind wird Ihre Gefühle spüren. Wenn Sie eine Menge Schmerz und Verwirrung durchmachen, wird es das auf jeden Fall mitbekommen. Erklären Sie Ihren Kindern, dass Ihre seelischen Probleme nichts mit ihnen und ihrem inneren Wert zu tun haben.

Vermeiden Sie, dass in den Kindern die Vorstellung entsteht, was geschehen ist, sei ihre Schuld, denn das glauben Kinder meistens. Lassen Sie sie spüren, dass Sie sie lieben und immer für sie da sein werden.

Machen Sie jeden Morgen Spiegelarbeit mit Ihren Kindern. Wenden Sie Affirmationen an, die Ihnen helfen, die schweren Zeiten leicht und mühelos durchzustehen, damit niemand in Ihrer Familie Schaden nimmt. Lassen Sie Ihre schmerzhaften Erfahrungen liebevoll los, und bejahen Sie Glück für alle Beteiligten.

In Kalifornien gibt es eine Vereinigung zur Förderung von Selbstachtung und persönlicher und sozialer Verantwortung. Sie wurde 1987 vom Abgeordneten John Vasconcellos gegründet. Zu den Mitgliedern gehören Jack Canfield und Dr. Emmett Miller. Ich unterstütze das Engagement dieser Vereinigung, die sich bei der Regierung dafür einsetzt, in den Schulen Programme zur Förderung der Selbstachtung der Schüler durchzuführen. Auch in anderen Bundesstaaten wird inzwischen das Erlernen von Selbstachtung in die Lehrpläne aufgenommen.

Ich glaube, dass wir kurz vor großen Veränderungen in unserer Gesellschaft stehen, besonders was die Anerkennung unseres eigenen Selbstwertes betrifft. Wenn es vor allem den Lehrern gelingt, ihr eigenes Selbstwertgefühl richtig zu entwickeln, werden sie für unsere Kinder eine enorme Hilfe sein. In den Kindern spiegeln sich die sozialen und ökonomischen Spannungen unserer Gesellschaft wider. Jedes Programm zur Steigerung des Selbstwertgefühls wird Schüler, Eltern, Lehrer und alle gesellschaftlichen Institutionen einbeziehen müssen.

In Würde älter werden

So viele von uns fürchten sich davor, alt zu werden und alt auszusehen. Alt zu werden ist für uns etwas Erschreckendes und Unattraktives. Und doch handelt es sich dabei um einen normalen und natürlichen Lebensvorgang. Wenn wir unser inneres Kind nicht akzeptieren können, uns nicht wohlfühlen mit dem, was wir waren und was wir sind, wie sollen wir dann das nächste Stadium akzeptieren?

Welche Alternative gibt es dazu, alt zu werden? Vorher den Planeten zu verlassen. Als Kultur haben wir etwas entwickelt, was ich Jugendkult nenne. Es ist schön und gut, wenn wir uns in der Jugend lieben, aber warum fällt uns das so schwer, wenn wir älter werden? Schließlich müssen wir alle Phasen des Lebens durchlaufen.

Bei vielen Frauen löst der Gedanke ans Altwerden Besorgnis und Furcht aus. Auch in der Homosexuellenszene spielen jugendliches Aussehen und die Angst vor dem Verlust der Schönheit eine große Rolle. Altwerden kann bedeuten, Falten, graue Haare und schlaffe Haut zu bekommen; ja, und trotzdem möchte ich alt werden. Denn das gehört einfach zu unserem Sein dazu. Wir sind auf diesem Planeten, um alle Lebensabschnitte zu erfahren.

Ich kann verstehen, dass wir nicht alt und krank werden möchten. Trennen wir also diese beiden Vorstellungen voneinander. Wir sollten uns nicht ausmalen, dass Krankheit und Alter zusammengehören. Ich persönlich glaube nicht, dass wir krank sterben müssen.

Wenn es Zeit für uns ist zu gehen, wenn unsere Aufgabe in diesem Leben erfüllt ist, dann können wir einfach friedlich einschlafen. Wir müssen vorher nicht todkrank werden. Wir müssen unser Lebensende nicht angeschlossen an irgendwelche Maschinen verbringen. Es ist nicht nötig, dass wir in einem Pflegeheim dahinvegetieren, ehe wir den Planeten verlassen. Es gibt heute viele Möglichkeiten, sich darüber zu informieren, wie man gesund bleibt. Schieben Sie das nicht hinaus, kümmern Sie sich jetzt um Ihre Gesundheit. Wenn wir älter werden, möchten wir uns wunderbar fühlen, damit wir damit fortfahren können, neue Abenteuer zu erleben.

Vor einiger Zeit las ich etwas, das mich faszinierte. Es war ein Artikel über ein medizinisches Institut in San Francisco. Dort hat man herausgefunden, dass die Art und Weise, wie wir altern, nicht durch unsere Gene bestimmt wird, sondern durch den sogenannten Alters-Sollwert – eine biologische Uhr, die in unserem Bewusstsein existiert. Dieser Mechanismus regelt, wann und wie wir zu altern beginnen. Dieser Sollwert, oder Altersuhr, wird zum großen Teil durch einen wichtigen Faktor bestimmt: unsere Einstellung zum Altwerden.

Wenn Sie zum Beispiel glauben, dass Sie mit fünfunddreißig bereits im mittleren Alter sind, dann löst dieser Glaube biologische Veränderungen in Ihrem Körper aus, die den Alterungsprozess beschleunigen, sobald Sie die fünfunddreißig erreichen. Ist das nicht faszinierend? Auf irgendeine Weise entscheiden wir selbst, wann wir alt sind. Wo setzen Sie bei sich diesen Alters-Sollwert an? Ich habe das geistige Bild vor Augen, dass ich sechsundneunzig werde und dann immer noch aktiv bin. Es ist also sehr wichtig, dass ich auf meine Gesundheit achte.

Denken Sie auch immer daran, dass wir stets zurück-bekommen, was wir selbst geben. Achten Sie darauf, wie Sie alte Menschen behandeln, denn wenn Sie alt sind, werden Sie ebenso behandelt werden. Wenn Sie eine bestimmte Vorstellung von alten Menschen haben, wird Ihr Unterbewusstsein auf diese Vorstellung reagieren. Unsere Glaubenssätze, unsere Vorstellungen über das Leben und uns selbst, werden für uns stets Wirklichkeit.

Wie Sie bereits wissen, glaube ich, dass Sie sich Ihre Eltern vor Ihrer Geburt ausgesucht haben, um durch Sie wertvolle Lektionen zu lernen. Ihr Höheres Selbst weiß, welche Erfahrungen für Sie auf Ihrem spirituellen Entwicklungsweg notwendig sind. Was immer Sie also mit Ihren Eltern durchzuarbeiten haben, stellen Sie sich dieser Aufgabe. Was sie auch sagen und tun oder sagten und taten, letztendlich sind Sie hier, um sich selbst zu lieben.

Wenn Sie selbst Kinder haben, sollten Sie ihnen erlauben, sich selbst zu lieben, indem Sie ihnen eine Geborgenheit und Sicherheit schenken, in der sie sich auf positive, harmlose Weise ausdrücken können. Denken Sie auch daran, dass, so wie wir uns unsere Eltern aussuchten, wir ebenso von unseren Kindern ausgesucht wurden. Wir alle haben hierbei also wichtige Lektionen zu lernen.

Eltern, die sich selbst lieben, wird es leichter fallen, ihren Kindern Selbstliebe zu lehren. Wenn wir ein gutes Selbstwertgefühl haben, können wir unseren Kindern als Vorbilder in Sachen Selbstachtung dienen. Je mehr wir selbst bestrebt sind, uns zu lieben, desto mehr werden unsere Kinder erkennen, dass ein solches Verhalten okay ist.

Das innere Kind lieben

Das innere Kind ist jener Teil von Ihnen, der verspielt und fantasiebegabt, liebevoll und spontan, kreativ und abenteuerlustig, weise und gefühlvoll und doch auch demütig und erfüllt von Ehrfurcht und Dankbarkeit ist. Das innere Kind vertraut darauf, dass das Universum und das Leben für seine Bedürfnisse sorgen. Es sitzt nicht untätig herum, sondern ist eifrig damit beschäftigt, das Leben zu leben und Dinge zu tun, die Freude machen.

Das innere Kind besitzt große Weisheit. Es weiß, was wirklich Freude macht. Sein Denken ist nicht eng und beschränkt, und es verurteilt niemanden, nur weil er anders ist. Es bedauert nie, was gestern war, und sorgt sich nicht um eine Zukunft, die noch nicht da ist. Die große Macht der Liebe, die alle scheinbaren Probleme zu lösen oder zu vertreiben vermag, ist der Verbündete und Freund des inneren Kindes. Das innere Kind ist Ihre wahre Identität, die zum Vorschein kommt, wenn man alle oberflächlichen Ängste und Begrenzungen entfernt. Lassen Sie diese Liebe nach außen dringen und werden Sie wieder zu diesem Kind. Dann kann Ihr Leben erneut ein spannendes Abenteuer voller faszinierender Entdeckungen und Spiele werden. Klingt das nicht sehr vielversprechend?

Ich bin bereit, dem inneren Kind in mir
in meinem Leben Raum zu geben.

Wenn Sie keine Nähe zu anderen Menschen herstellen können, liegt das daran, dass Sie nicht wissen, wie Sie Ihrem eigenen inneren Kind nahe sein können. Das Kind in Ihnen ist verängstigt und verletzt. Seien Sie für Ihr Kind da.

Eines der wichtigsten Themen, mit denen wir uns beschäftigen wollen, ist die Heilung des vergessenen inneren Kindes. Die meisten von uns haben ihr inneres Kind viel zu lange ignoriert.

Es spielt keine Rolle, wie alt Sie sind. In Ihnen ist ein kleines Kind, das Liebe und Anerkennung braucht. Wenn Sie eine Frau sind, wie selbstsicher Sie auch sein mögen, dann haben Sie in sich ein kleines Mädchen, das sehr empfindsam ist und Hilfe braucht; und wenn Sie ein Mann sind, können Sie ein noch so großer Macho sein, trotzdem haben Sie noch immer einen kleinen Jungen in sich, der sich nach Wärme und Zuneigung sehnt.

Jedes Alter, das Sie durchlebt haben, ist in Ihnen – in Ihrem Bewusstsein und Gedächtnis. Wenn in Ihrer Kindheit etwas schiefging, glaubten Sie, dass mit Ihnen selbst etwas nicht stimmte. Kinder entwickeln die Vorstellung, dass sie von ihren Eltern geliebt und nicht mehr geschlagen und bestraft werden würden, wenn es ihnen nur gelänge, alles richtig zu machen. Deshalb glaubt ein Kind, wenn es sich etwas wünscht und es nicht bekommt: »Ich bin nicht gut genug. Mit mir stimmt etwas nicht.« Wenn wir älter werden, lehnen wir dann bestimmte Teile von uns selbst ab.

Dort, wo wir jetzt in diesem Augenblick in unserem Leben stehen, müssen wir damit beginnen, uns selbst zu heilen und jeden Teil unseres Seins zu akzeptieren – den Teil, der all diese Dummheiten gemacht hat, den Teil, der komisch aussah, den Teil, der ängstlich war, den Teil, der sehr dumm und albern war, den Teil, der sich beim Essen das Gesicht beschmierte. Jeden einzelnen Teil unseres Selbst.

Oft geschieht es so um das fünfte Lebensjahr herum, dass wir uns gewissermaßen ausblenden. Wir treffen diese Entscheidung, weil wir glauben, dass etwas mit uns nicht stimmt, und weil wir mit dem Kind, das wir vorher waren, nichts mehr zu tun haben wollen.

In uns ist auch ein Vater oder eine Mutter. Sie haben ein inneres Kind und eine innere Mutter und einen inneren Vater. Und die meiste Zeit schimpfen diese inneren Eltern mit dem Kind, beinahe ununterbrochen. Wenn Sie ihrem inneren Dialog lauschen, können Sie dieses Schimpfen hören. Sie hören, wie die inneren Eltern Ihnen sagen, was Sie falsch machen, oder warum Sie nicht gut genug sind.

Das führt dazu, dass wir einen ständigen Krieg gegen uns selbst führen. Wir kritisieren uns auf die gleiche Art, wie wir früher von unseren Eltern kritisiert wurden. »Du bist dumm. Du bist nicht gut genug. Du machst alles falsch. Du hast es schon wieder vermasselt!« Das wird zu einer festen Gewohnheit. Wenn wir erwachsen werden, ignorieren viele von uns das innere Kind völlig, oder wir kritisieren es auf die gleiche Art, wie wir selbst kritisiert wurden. So setzen wir dieses negative Muster unaufhörlich fort.

John Bradshaw, der Autor mehrerer großartiger Bücher über die Heilung des inneren Kindes, sagte einmal, dass jeder von uns, wenn er erwachsen ist, fünfundzwanzig-tausend Stunden »Eltern-Tonbänder« in seinem Gedächt-nis gespeichert hat. Was glauben Sie, wie viele Stunden dieser »Tonbänder« werden Ihnen wohl sagen, wie wun-dervoll Sie sind? Auf wie vielen wird Ihnen wohl gesagt, dass Sie aufgeweckt und intelligent sind? Oder dass Sie alles schaffen können, was Sie sich vornehmen, und von Erfolg zu Erfolg gehen können? Ist es nicht so, dass auf dem größten Teil dieser »Erinnerungs-Tonbänder« in Wirklichkeit immer nur »Nein, nein, nein« in allen mög-lichen Formen zu hören ist?

Da ist es kein Wunder, dass wir zu uns selbst ständig Nein oder »Das darfst du nicht« sagen. Wir reagieren auf diese alten Tonbänder in uns. Doch es sind nur Erinne-rungen und nicht die Wirklichkeit unseres Seins. Man kann sie löschen oder verändern.

Immer wenn Sie sagen, dass Sie sich fürchten, sollten Sie sich klarmachen, dass es das Kind in Ihnen ist, das sich fürchtet. Der erwachsene Mensch hat in Wirklich-keit gar keine Angst, aber er ist nicht für das Kind da. Der Erwachsene und das innere Kind müssen eine Beziehung zueinander entwickeln. Sprechen Sie miteinander über alles, was Sie tun. Ich weiß, dass das albern klingt, aber es funktioniert. Lassen Sie das Kind wissen, dass Sie es nie-mals im Stich lassen, was auch geschieht. Sagen Sie ihm, dass Sie es lieben und immer für es da sein werden.

Es könnte zum Beispiel sein, dass Sie als Kind ein schlimmes Erlebnis mit einem Hund hatten; vielleicht hat er Sie erschreckt oder gar gebissen. Dann kann es sein, dass sich das kleine Kind in Ihnen immer noch vor Hunden fürchtet, obwohl Sie inzwischen ein großer, starker Erwachsener sind. Jetzt sehen Sie auf der Straße einen harmlosen, kleinen Hund. Trotzdem gerät das kleine Kind in Ihnen in Panik. Es sagt: »Ein Hund! Er wird mir wehtun!« Das ist eine wundervolle Gelegenheit, bei der der Vater oder die Mutter in Ihnen zum Kind sagen kann: »Keine Sorge, ich bin jetzt erwachsen. Ich werde dich beschützen. Ich lasse nicht zu, dass der Hund dir etwas tut. Du brauchst keine Angst mehr zu haben.« Beginnen Sie damit, sich in dieser Art und Weise um Ihr inneres Kind zu kümmern.

Heilung für die Wunden der Vergangenheit

Ich habe festgestellt, dass die Arbeit mit dem inneren Kind sehr dazu beiträgt, alte Wunden zu heilen. Wir sind nicht immer in Kontakt mit den Gefühlen des verängstigten kleinen Kindes in uns. Wenn Ihre Kindheit voller Furcht und Aggression war, und Sie sich nun selbst ständig Gewalt antun, dann behandeln Sie Ihr inneres Kind weiterhin so, wie es früher in Ihrer Familie geschah. Das innere Kind kann aber nirgendwohin entfliehen. Sie müssen die Begrenztheit Ihrer Eltern überwinden. Sie müssen den Kontakt zu dem alleingelassenen Kind in Ihnen wiederfinden. Es muss spüren, dass Sie für es da sind.

Nehmen Sie sich jetzt einen Moment Zeit und sagen Sie Ihrem Kind, dass Sie für es sorgen: »Ich kümmere mich um dich. Ich liebe dich. Ich liebe dich wirklich.« Vielleicht haben Sie das schon zu der erwachsenen Person in Ihnen gesagt. Reden Sie also jetzt auch mit dem kleinen Kind. Visualisieren Sie, dass Sie es bei der Hand nehmen und für ein paar Tage eine wunderbare Zeit voller schöner Erlebnisse haben.

Sie müssen mit diesem Teil von Ihnen kommunizieren. Welche Botschaften möchten Sie gerne hören? Setzen Sie sich still hin, schließen Sie die Augen und reden Sie mit dem Kind. Wenn Sie schon zweiundsechzig Jahre nicht mehr mit ihm gesprochen haben, kann es ein Weilchen dauern, bis das Kind wirklich glaubt, dass Sie mit ihm sprechen möchten. Seien Sie beharrlich: »Ich möchte mit dir reden. Ich möchte dich sehen. Ich möchte dir Liebe schenken.« Schließlich wird ein Kontakt zustande kommen. Dann werden Sie Ihr inneres Kind sehen, es spüren, oder es vielleicht hören.

Wenn Sie zum ersten Mal mit Ihrem Kind reden, sollten Sie sich vor allem entschuldigen. Sagen Sie, dass es Ihnen leidtut, dass Sie in all den Jahren nicht mit ihm gesprochen haben oder dass Sie es so lange beschimpft und gescholten haben. Sagen Sie dem Kind, dass Sie die lange Zeit der Trennung wiedergutmachen möchten. Fragen Sie, wie Sie es glücklich machen können. Fragen Sie das Kind, wovor es sich ängstigt. Fragen Sie, wie Sie ihm helfen können und was es sich von Ihnen wünscht.

Beginnen Sie mit einfachen Fragen; Sie werden Antwort erhalten. »Was kann ich tun, um dich glücklich zu machen? Was möchtest du heute gerne unternehmen?« Zum Beispiel könnten Sie zu dem Kind sagen: »Ich möchte heute gern joggen, was möchtest du tun?« Das

Kind antwortet dann vielleicht: »An den Strand gehen.«
Die Kommunikation hat begonnen. Seien Sie beharrlich.
Auch wenn Sie täglich nur ein paar Minuten erübrigen
können, um sich der kleinen Person in Ihnen zu widmen,
wird Ihr Leben sich dadurch beträchtlich verbessern.

Die Kommunikation mit
Ihrem inneren Kind

Vielleicht arbeiten einige von Ihnen bereits mit dem inneren Kind. Es gibt viele Bücher zu diesem Thema, und
viele Seminare und Vorträge darüber werden angeboten.

Auch möchte ich Ihnen vorschlagen, sich ein Foto von
sich aus Ihrer Kindheit zu besorgen. Betrachten Sie das
Foto aufmerksam. Sehen Sie ein kleines Kind, das unglücklich ist? Was Sie auch sehen, stellen Sie eine Verbindung zu diesen Gefühlen her. Wenn Sie ein verängstigtes
Kind sehen, fragen Sie es, wovor es Angst hat, und tun Sie
etwas, damit es sich besser fühlt. Finden Sie mehrere
Fotos von sich aus der Kindheit und sprechen Sie zu dem
Kind, das Sie jeweils auf den Fotos sehen.

Es hilft auch, vor dem Spiegel mit dem inneren Kind zu
reden. Wenn Sie als Kind einen Spitznamen hatten, benutzen Sie diesen Namen. Halten Sie ein paar Papier-
taschentücher bereit. Am besten setzen Sie sich vor den
Spiegel, damit Sie nicht so rasch davonlaufen, wenn es
schwierig wird. Setzen Sie sich hin, halten Sie die Papier-
taschentücher griffbereit und fangen Sie an, mit dem
Kind zu sprechen.

Eine andere Übung besteht darin, schriftlich zu kommunizieren. Auch dabei werden viele Informationen zum Vorschein kommen. Benutzen Sie zwei verschiedenfarbige Stifte. Notieren Sie nun mit Ihrer Schreibhand eine Frage. Nehmen Sie dann den andersfarbigen Stift in Ihre nicht-dominante Hand, und lassen Sie das Kind antworten. Das ist eine sehr faszinierende Übung. Wenn Sie die Frage notieren, glaubt der Erwachsene in Ihnen die Antwort zu kennen. Doch wenn Sie dann den anderen Stift in die Hand nehmen, mit der Sie normalerweise nicht schreiben, fällt die Antwort oft ganz anders aus als erwartet.

Sie können auch mit Ihrem inneren Kind malen. Viele von Ihnen malten und zeichneten als Kinder vermutlich sehr gern, bis man Ihnen sagte, Sie sollten sauber und ordentlich zeichnen und sich an die Vorgaben halten. Fangen Sie also wieder an zu malen. Malen Sie mit Ihrer nicht-dominanten Hand ein Bild eines Ereignisses, das Sie gerade erlebt haben. Achten Sie darauf, wie Sie sich dabei fühlen. Stellen Sie dem Kind eine Frage und lassen Sie es dann einfach mit der nicht-dominanten Hand malen. Betrachten Sie das Bild aufmerksam.

Wenn Sie sich mit anderen in einer Gruppe zusammenfinden, können Sie gemeinsam an diesen Dingen arbeiten. Sie können gemeinsam Ihre inneren Kinder Bilder malen lassen und anschließend diskutieren, was sie bedeuten. Die Informationen können Ihnen überraschende Einsichten vermitteln.

Spielen Sie mit Ihrem inneren Kind. Tun Sie Dinge, die Ihrem Kind gefallen. Was haben Sie wirklich gerne getan, als Sie klein waren? Wann haben Sie das zum letzten Mal gemacht? Viel zu oft hindert der Erwachsene in uns uns daran, Spaß zu haben, weil Erwachsene so etwas eben nicht tun. Nehmen Sie sich also die Zeit, zu spielen und Spaß zu haben. Tun Sie all die albernen Dinge, mit denen Sie sich vergnügten, als Sie Kind waren. Springen Sie in einen Laubhaufen oder spritzen Sie sich mit dem Gartenschlauch nass. Sehen Sie Kindern beim Spielen zu. Das wird Erinnerungen an die Spiele auslösen, bei denen Sie früher Spaß hatten. Wenn Sie mehr Freude in Ihrem Leben haben möchten, stellen Sie die Verbindung zu Ihrem inneren Kind her, und gewinnen Sie dadurch Spontaneität und Spaß. Ich verspreche Ihnen, dass dann Freude in Ihr Leben einziehen wird.

Waren Sie als Kind willkommen? Waren Ihre Eltern wirklich froh, als Sie geboren wurden? Hätten sie lieber ein Mädchen bzw. einen Jungen gehabt? Haben Sie gespürt, dass Sie als Kind erwünscht waren? Wurde Ihre Geburt gefeiert? Wie die Antworten auf diese Fragen auch lauten mögen, heißen wenigstens Sie Ihr inneres Kind willkommen. Geben Sie ein Fest für es. Sagen Sie ihm all die wunderbaren Sachen, die Sie einem Baby erzählen würden, das in seinem neuen Leben herzlich willkommen ist.

Was hätten Sie gerne von Ihren Eltern gesagt bekommen, als Sie ein Kind waren? Was haben sie nie zu Ihnen gesagt, obwohl Sie es doch so gerne gehört hätten? Sagen Sie genau das jetzt zu dem Kind in Ihnen. Sagen Sie es einen Monat lang jeden Tag zu Ihrem Kind, wenn Sie in den Spiegel schauen. Beobachten Sie, was geschieht.

Wenn Sie alkoholabhängige oder gewalttätige Eltern hatten, können Sie Ihre Eltern in der Meditation als nüchtern und liebevoll visualisieren. Geben Sie Ihrem Kind alles, was es sich wünscht. Es hat das alles wahrscheinlich schon viel zu lange entbehren müssen. Visualisieren Sie, welches Leben Sie mit diesem Kind führen möchten. Wenn das Kind sich geborgen und glücklich fühlt, kann es Ihnen vertrauen. Fragen Sie es: »Was kann ich tun, damit du mir vertraust?« Auch hier gilt wieder, dass einige Antworten Sie verblüffen werden.

Wenn Sie Eltern hatten, die in keiner Weise liebenswert waren, und wenn es Ihnen wirklich schwerfällt, eine positive Beziehung zu Ihnen zu finden, nehmen Sie die Fotografie eines Menschen, der so ist, wie ein liebevoller Vater oder eine liebevolle Mutter Ihrer Meinung nach sein sollte. Legen Sie die Fotos dieser liebevollen Eltern um Ihr eigenes Kindheitsfoto. Denken Sie sich neue Bilder aus. Schreiben Sie Ihre Kindheit um, wenn Ihnen das nötig erscheint.

Die Glaubenssätze, die Sie als Kind gelernt haben, tragen Sie immer noch in sich. Wenn Ihre Eltern sehr streng waren und Sie selbst dazu neigen, hart mit sich ins Gericht zu gehen und Mauern um sich zu errichten, dann folgt das Kind in Ihnen wahrscheinlich noch immer den Geboten der Eltern. Wenn Sie sich selbst noch immer jeden kleinen Fehler vorhalten, dann ist Ihr Kind wahrscheinlich schon ängstlich, wenn Sie morgens aufwachen. »Weswegen wird er oder sie mich heute wohl ausschimpfen?«

Was unsere Eltern uns in der Vergangenheit antaten, resultierte aus ihrer mangelnden Bewusstheit. Doch jetzt sind wir die Eltern. Wir sind selbst für unsere Bewusstheit verantwortlich. Wenn Sie sich immer noch weigern, sich um Ihr inneres Kind zu kümmern, dann verharren Sie in selbstgerechter Verbitterung. Das bedeutet stets, dass es noch jemanden gibt, dem Sie vergeben müssen. Was also haben Sie sich noch nicht vergeben? Was sollten Sie loslassen? Nun, was es auch sein mag, lösen Sie sich davon.

Wenn wir heute dem Kind in uns keine Zuwendung schenken, können wir dafür nicht unsere Eltern verantwortlich machen. Sie taten, was Sie zum damaligen Zeitpunkt für richtig hielten. Doch wir wissen heute, was wir tun können, damit sich unser inneres Kind geborgen fühlt.

Diejenigen unter Ihnen, die ein Haustier halten, wissen, wie schön es ist, wenn dieses Tier Sie freudig begrüßt, wenn Sie nach Hause kommen. Es ist ihm egal, wie Sie angezogen sind. Es ist ihm egal, wie alt Sie sind, wie viele Falten Sie haben oder wie viel Geld Sie heute verdient haben. Dem Tier ist es nur wichtig, dass Sie da sind. Es liebt Sie bedingungslos. Verhalten Sie sich Ihnen selbst gegenüber ebenso. Seien Sie begeistert, dass Sie leben und dass Sie hier sind. Sie sind der Mensch, mit dem Sie auf ewig zusammenleben werden. Solange Sie das Kind in Ihnen nicht lieben, ist es für andere Menschen sehr schwer, Sie zu lieben. Akzeptieren Sie sich mit offenem Herzen und bedingungslos.

Oft ist es sehr hilfreich, sich eine Meditation auszudenken, die dem inneren Kind Geborgenheit vermittelt. Da ich als Kind von meinem Vater sexuell missbraucht wurde, erfand ich eine wunderbare Visualisierung für mein kleines Mädchen. Zunächst einmal ist seine Großmutter eine Fee, die genau wie Billie Burke im Wizard of Oz aussieht, weil ihm das sehr gefällt. Ich weiß, dass es, wenn ich mich nicht um es kümmern kann, bei seiner

Feen-Großmutter ist, wo ihm niemals Gefahr droht. Auch wohnt es hoch oben in einem Penthouse, das von einem Diener und zwei großen Hunden bewacht wird, sodass ihm nie mehr jemand etwas antun kann. Wenn ich dem Kind in mir ein Gefühl völliger Geborgenheit geben kann, helfe ich ihm so, sich von den schmerzhaften Erfahrungen zu lösen.

Einmal passierte es mir, dass ich aus der Fassung geriet und zwei Stunden lang weinte. Ich erkannte, dass das Kind in mir sich plötzlich sehr verletzt und schutzlos fühlte. Ich musste ihm sagen, dass es auf keinen Fall böse oder schlecht ist, sondern dass es nur auf ein Erlebnis reagierte. So rasch es ging, sprach ich also ein paar Affirmationen und meditierte, denn ich wusste, dass es eine unendliche Macht gibt, die mich immer beschützt und liebt. Danach fühlte sich das kleine Mädchen nicht mehr so ängstlich und allein.

Ich bin auch ein großer Freund von Teddybären. Als Sie noch sehr klein waren, war Ihr Teddybär oft Ihr erster richtiger Freund. Er genoss Ihr volles Vertrauen, weil Sie ihm all Ihre Probleme und Geheimnisse anvertrauen konnten und er niemals petzte. Er war immer für Sie da. Holen Sie jetzt Ihren Teddybär aus dem Schrank und gönnen Sie dem Kind in Ihnen wieder einmal seine Gesellschaft.

Es wäre eine tolle Sache, wenn es in jedem Krankenhaus für alle Betten einen Teddybär gäbe. Dann wäre für das innere Kind jedes Patienten ein Teddybär da, den es an sich drücken könnte, wenn es sich nachts allein und ängstlich fühlt.

Die vielen Teile Ihrer Persönlichkeit

Freundschaften sind wunderschön, Ehen sind wunderschön, aber sie sind immer nur etwas Vorübergehendes. Ihre Freundschaft zu sich selbst ist jedoch ewig. Sie endet nie. Lieben Sie die Familie in Ihnen – das Kind, den Vater und die Mutter und den Jugendlichen.

Denken Sie daran, dass es auch einen Teenager in Ihnen gibt. Heißen Sie auch ihn willkommen. Arbeiten Sie mit ihm genauso, wie Sie mit dem kleinen Kind arbeiten. Welche Schwierigkeiten machten Sie als Teenager durch? Stellen Sie ihm die gleichen Fragen, die Sie auch dem Kind stellten. Helfen Sie Ihrem Teenager durch die schwierigen Phasen der Pubertät. Versöhnen Sie sich mit dieser Zeit Ihres Lebens. Lernen Sie, den Teenager in Ihnen zu lieben, so wie Sie lernen, das Kind in Ihnen zu lieben.

Wir können einander nicht lieben und annehmen, solange wir dieses allein gelassene Kind in uns nicht lieben und annehmen. Wie alt ist das kleine, allein gelassene Kind in Ihnen? Drei, vier, fünf? Meistens ist dieses Kind weniger als fünf Jahre alt, denn zu diesem Zeitpunkt zieht sich das Kind in der Regel in sich selbst zurück, weil es glaubt, sonst nicht überleben zu können.

Nehmen Sie Ihr Kind bei der Hand und lieben Sie es. Erschaffen Sie für sich und das Kind ein wunderbares Leben. Sagen Sie sich: »Ich bin bereit zu lernen, wie ich das Kind in mir lieben kann. Ich bin dazu bereit.« Das Universum wird darauf reagieren. Sie werden einen Weg finden, Ihr Kind zu heilen. Wenn wir heil werden wollen, müssen wir bereit sein, unsere Gefühle zu spüren und durch sie hindurchzugehen, um Heilung zu erreichen. Denken Sie daran, dass unsere Höhere Kraft stets verfügbar ist, um uns in unseren Bemühungen zu unterstützen.

Wie schön oder wie schrecklich Ihre Kindheit auch gewesen sein mag, heute sind Sie und nur Sie allein verantwortlich für Ihr Leben. Sie können Ihre Zeit damit verbringen, Ihren Eltern oder dem sozialen Umfeld Ihrer Kindheit die Schuld zu geben, doch das führt nur dazu, dass Sie in der Rolle des Opfers steckenbleiben. Das hilft Ihnen niemals dabei, das Gute zu erlangen, das Sie sich wünschen.

Liebe ist der größte Auslöscher, den ich kenne. Liebe löscht sogar die tiefsitzendsten und schmerzhaftesten Erinnerungen aus, denn Liebe geht tiefer als alles andere. Wenn Ihre geistigen Bilder der Vergangenheit sehr stark sind und Sie sich ständig einreden, dass die anderen an allem schuld sind, dann ändert sich nichts. Wünschen Sie sich ein Leben voller Schmerzen oder eines voller Freude? Die Entscheidung und die Macht liegen stets bei Ihnen. Schauen Sie sich in die Augen und lieben Sie sich und das kleine Kind in Ihnen.

Botschaften an Ratsuchende

Die folgenden Briefe beschäftigen sich mit dem Älterwerden und der Fürsorge für alte Menschen.

Liebe Louise,

ich bin neunzig Jahre alt und stolz darauf, noch bei recht guter Gesundheit zu sein. Ich war ein guter Handball-spieler und habe diesen Sport erst vor sieben oder acht Monaten aufgegeben, als ich ernste Probleme mit meinem linken Bein und meinen Zähnen bekam. Seither leide ich auch unter Sprachschwierigkeiten. Ich schrieb diese Be-schwerden dem Stress und der körperlichen Gebrechlich-keit zu, unter denen alte Menschen zu leiden haben. Vor fünf Jahren verlor ich meine Frau. Wir waren dreiund-sechzig Jahre verheiratet. Vor allem aber machen mir tief sitzende Schuldgefühle zu schaffen, über die ich bislang mit niemandem gesprochen habe.

Ich bin von drei Ärzten untersucht worden und sechzig Tage zur Krankengymnastik gegangen, doch das hat mir nicht weitergeholfen. Ich wollte wissen, was die Ursache für meine körperlichen Beschwerden ist, doch die Ärzte konnten es mir nicht sagen.

Nach der Lektüre Ihres Buches Gesundheit für Körper und Seele, *in dem die Bedeutung von Liebe und Freude hervorgehoben wird, setzte ich mir das Ziel, hundert Jahre alt zu werden, so Gott will. Dazu brauche ich die Unterstützung durch Ihre Lehren. Ich fühle, dass ich meine Gesundheit in kurzer Zeit zurückgewinnen könnte, wenn ich an einem von Ihnen geleiteten Seminar teilnehmen könnte. Ich bin dankbar für jeden Rat.*

Louises Antwort:

Ich möchte Sie ermutigen, Ihr Leben energisch anzupacken und aktiv nach Freude, Frieden und Verständnis zu streben. Die Frau zu verlieren, mit der man dreiundsechzig Jahre das Leben geteilt hat, ist eine schwere Prüfung.

Es ist wichtig, dass Sie Sinn in Ihrem Leben finden, eine Aufgabe, damit Sie sich jeden Tag darauf freuen können, sich dieser Aufgabe zu widmen. Möglicherweise besteht diese Aufgabe darin, sich um die Pflege Ihrer gegenwärtigen zwischenmenschlichen Beziehungen zu kümmern. Haben Sie Kinder und Enkelkinder? Welchen Interessen sind Sie in früheren Jahren nachgegangen? Und natürlich rate ich Ihnen, alte Wunden zu heilen – lösen Sie sich von allem alten Groll, sodass die Liebe in Ihrem Leben frei fließen kann. Ich bin überzeugt, dass wir alle hier auf der Erde sind, um die Liebe zum Ausdruck zu bringen, die wir immer in uns getragen haben.

Viele Menschen leiden unter Schuldgefühlen und glauben, sie hätten etwas so Schlimmes getan, dass sie mit niemandem darüber sprechen können. Solche Schuldgefühle schneiden uns aber von der Liebe ab, die wir brauchen. Unsere Fähigkeit, uns selbst und andere zu lieben, wird stark beeinträchtigt. Sie sollten unbedingt jemanden finden, bei dem Sie sich aussprechen können. Es ist wichtig, dass Sie sich von Ihren Schuldgefühlen befreien.

Unsere linke Körperhälfte steht symbolisch für das Weibliche, unsere rechte Seite für das Männliche in uns. Da Ihr linkes Bein Ihnen zu schaffen macht, frage ich mich, ob es vielleicht eine Frau in Ihrem Leben gibt, der Sie vergeben sollten, oder ob es in Bezug auf eine Frau etwas gibt, das Sie sich selbst vergeben sollten. Zahnprobleme stehen oft für Unentschlossenheit. Ihre Sprache ermöglicht es Ihnen, sich selbst anderen gegenüber auszudrücken. Was ist es, das Sie so schwer in Worte fassen können? Vielleicht ist es genau jene Sache, die Ihnen Schuldgefühle bereitet?

Leider muss ich Ihnen mitteilen, dass ich selbst keine Seminare mehr durchführe. Meine Arbeit hat sich in eine andere Richtung entwickelt. Heute schreibe ich mehr, halte nur noch wenige Vorträge, widme mich meinem Garten und sorge gut für mich selbst. Doch es gibt viele wunderbare Selbsthilfelehrer, die Ihnen genauso gut helfen werden, wie ich es könnte. Schauen Sie sich einmal die Aushänge in einem esoterischen Buchladen in Ihrer Gegend oder die entsprechenden Veranstaltungshinweise in örtlichen Zeitungen an.

Machen Sie sich bewusst, dass Sie etwas ganz Besonderes sind und dass Sie Anspruch auf die vielen Segnungen des Lebens haben. Gehen Sie mit sich selbst sehr sanft und mitfühlend um, während Sie auf Ihrem Pfad der Heilung voranschreiten. Bekräftigen Sie:

Ich bin offen und bereit für
den nächsten Schritt in meinem Leben.

Liebe Louise,

ich übe seit neunzehn Jahren einen medizinischen Beruf aus und arbeite dabei mit vielen alten Menschen. Sehr viele unter ihnen sind traurig und verbittert. Wenn ich sie mit einem fröhlichen »Guten Morgen« begrüße, bekomme ich oft zur Antwort: »Werden Sie bloß nicht alt« oder: »Es ist die Hölle, alt zu werden.«

Nachdem ich viele Jahre lang diese Botschaft immer wieder gehört hatte, fragte ich eines Tages eine Frau: »Was ist die Alternative?«

Sie antwortete mit leiser, rauer Stimme: »Der Tod!«

Ich bemühe mich stets, für die Patienten, die ich sehe, Glück und alle Segnungen des Lebens zu bejahen. Aber ich fühle mich frustriert. Ich will diese negativen Botschaften über das Altwerden nicht länger hören. Ich möchte bis zu meinen letzten Tagen auf diesem Planeten lachen und tanzen. Was soll ich diesen Menschen sagen? Oder, noch besser, was kann ich mir selber sagen, damit diese sich ständig wiederholenden negativen Botschaften ein Ende haben?

Louises Antwort:

Die alten Menschen, die Sie beschreiben, waren es das ganze Leben lang gewohnt, sich zucker-, salz- und fettreich zu ernähren und schon bei kleinsten körperlichen Beschwerden Medikamente zu schlucken. Sie haben die Welt in einem negativen Licht gesehen und den Glauben verinnerlicht, Alter bedeute zwangsläufig Krankheit und Gebrechlichkeit. Das sind Menschen, die sich als Opfer des Lebens betrachten. Wenn Sie in einem medizinischen Beruf arbeiten, werden Sie nicht oft wirklich gesunde alte Menschen zu Gesicht bekommen. Es ist höchste Zeit, dass wir unseren Lebensabend endlich in einem positiven Licht betrachten. Wenn unsere Eltern auf sehr negative Weise alt wurden, muss es uns keineswegs ebenso ergehen. Wir sollten die alten Regeln und Glaubenssätze gründlich ändern. Sie und ich können eine neue Lebensweise erschaffen. Wir können beide bis zum letzten Tag tanzen und lachen, und das gilt auch für alle anderen Menschen, die sich uns anschließen möchten. Wenn die Leute in meiner Umgebung negativ sind, sage ich mir: »Das mag für sie zutreffen, aber für mich trifft es nicht zu.«

Vielleicht wäre es lohnender für Sie, im Bereich der ganzheitlichen Gesundheitsvorsorge zu arbeiten. Dort werden Sie Menschen treffen, die sich aktiv um eine gute Gesundheit bemühen. Ich würde es sehr begrüßen, wenn jemand ein Seniorenwohnheim mit einem ganzheitlichen Gesundheitszentrum einrichten würde. Zusätzlich zur Schulmedizin sollte dort ein breites Angebot an Chiropraktik, Akupunktur, Homöopathie, Traditioneller Chinesischer Medizin, Ernährungs- und Gesundheitsberatung, Pflanzenheilkunde, Massage, Yoga und dergleichen zur Verfügung stehen. Das wäre ein Ort, an dem sich alle auf einen gesunden, sorgenfreien Lebensabend freuen könnten. Gewiss gäbe es dort in kürzester Zeit eine Warteliste.

Verwenden Sie die Affirmation:

Ich bin von gesunden,
glücklichen Menschen umgeben.

Schauen Sie dann, wie das Universum diesen Wunsch für
Sie manifestiert.

Liebe Louise,

ich bin eine einunddreißigjährige allein erziehende Mut-
ter mit einer dreizehnjährigen Tochter. Derzeit beabsich-
tige ich, an einem Krankenpflegekurs teilzunehmen. Mein
Problem besteht darin, dass ich seit zwei Monaten für
meine fünfundsiebzigjährige Großmutter zu sorgen habe,
die an Alzheimer im zweiten Stadium leidet.

Wie kann ich angesichts ihrer ständigen Negativität
und verbalen Attacken die Kraft behalten, mich trotzdem
liebevoll um sie zu kümmern? Ich liebe sie und bin auf-
richtig bemüht, gut für sie zu sorgen, aber ich möchte mich
dabei nicht selbst verlieren. Und könnten Sie mir auch ei-
nen Rat geben, wie ich meiner Tochter durch diese schwere
Zeit helfen kann? Wie sie selbst gesagt hat: »Großmama
hat ihr Leben schon gelebt, aber meines beginnt doch ge-
rade erst.« Bitte helfen Sie mir!

Louises Antwort:

Wenn wir das Gefühl haben, dass uns die Dinge über den
Kopf wachsen, ist es gut, sich ganz bewusst nicht länger
auf das Negative zu konzentrieren. Wenn wir nur die Einschränkungen und negativen Aspekte sehen, können wir

keine gute Lösung finden. Atmen Sie tief durch. Entspannen Sie Schultern, Gesicht und Kopfhaut. Übergeben Sie
Ihre gesamte Situation dem Universum.

Sagen Sie sich immer wieder: *Alles ist gut. Alles entwickelt sich so, wie es für alle Beteiligten am besten ist. Aus
dieser Situation entsteht nur Gutes. Das Universum beschützt uns und sorgt für uns.*

Konzentrieren Sie sich dann auf das, was Ihnen als die
beste Lösung erscheint. Was wäre eine ideale Entwicklung? Schreiben Sie Ihre Intentionen auf. Halten Sie an
Ihrer Vision fest. Teilen Sie sie mit Ihrer Tochter. Sie beide
sollten täglich positive Affirmationen anwenden. Entspannen Sie sich dann und überlassen Sie alles Weitere
dem Universum. Sie und Ihre Tochter werden herausfinden, wie stark Sie beide sind.

Liebe Louise,

*das Älterwerden macht mir sehr zu schaffen. Ich bin be-
züglich meines Aussehens inzwischen so neurotisch, dass
ich es tagelang vermeide, überhaupt in den Spiegel zu
schauen. Wenn ich dann doch einen Blick auf mich werfe,
fühle ich mich entsetzlich.*

*Obgleich ich im Moment mit allen möglichen Schwierig-
keiten zu kämpfen habe, scheinen meine depressiven Gefühle ganz um den Verlust meiner Jugend und Schönheit
zu kreisen. Wie kann ich mit dem Problem des Älterwerdens auf eine Weise umgehen, dass dadurch nicht mein
ganzes Leben beeinträchtigt wird?*

Louises Antwort:

Gott hat uns als göttliche, wunderbare Wesen erschaffen, denen ein reiches, erfülltes Leben zugedacht ist. Wir sind dazu bestimmt, alle Lebensphasen zu durchlaufen, denn jede dieser Phasen hält ihre besonderen Erfahrungen für uns bereit. Wir können von der Kindheit an bis ins hohe Alter in Freude leben oder aber uns selbst das Leben schwer machen.

Machen Sie sich bitte nicht den gegenwärtig in unserer Kultur vorherrschenden Glauben zu eigen, nur die Jugend sei lohnend und lebenswert. Dadurch berauben Sie sich Ihres Glücks. Jedes Alter ist schön. Waren Ihre Jugend und Schönheit so außerordentlich, dass Sie es darüber versäumt haben, andere Werte für sich zu entdecken? Wer hat Ihnen eingeredet, dass es im Leben nur auf Äußerlichkeiten ankäme? Glauben Sie, dass Sie nicht mehr geliebt werden, nur weil Ihr Äußeres sich verändert? Möchten Sie wirklich lieber sterben als alt werden?

Wenn Sie sich ständig Sorgen machen, lässt das Ihren Körper nur schneller altern. Es ist sehr problematisch, dass in den Medien der Jugend und Schönheit so viel Bedeutung beigemessen wird. Auch wenn wir alle im Herzen jung sein können, entsprechen dennoch nur wenige von uns dem gegenwärtigen Schönheitsideal. Wir sollten uns nicht länger diesem Druck aussetzen. Lernen Sie, Ihr inneres Kind zu lieben. Sorgen Sie dafür, dass Ihr inneres Kind glücklich ist. Dann werden Sie von Tag zu Tag jünger wirken. Bekräftigen Sie:

Je mehr ich mich selbst liebe, desto jünger sehe ich aus.

Lernen Sie, sich hier und jetzt zu lieben. Engagieren Sie sich für Menschen, die echte Probleme haben. Da ist in unserer Gesellschaft eine Menge zu tun. Es gibt so viele Bereiche, wo Ihre Mithilfe dringend gebraucht wird. Genießen Sie den Fluss und Rhythmus des Lebens.

Liebe Louise,

es fällt mir sehr schwer zu glauben, dass Gott sogenannte genetische oder »altersbedingte« Krankheiten heilen kann oder wird, weil mir von Kindheit an beigebracht wurde, dass bestimmte Krankheiten »normal« seien, wenn man älter wird, und dass Gott sie ebenso wenig heilt, wie er Glatzenbildung, nachlassende Sehkraft oder graue Haare zu beseitigen vermag.

Ich bin sicher, dass Millionen Menschen mit diesem Glauben aufwuchsen, der von der Ärzteschaft zusätzliche Nahrung erhält. Für eine Heilung zu beten ist schwierig, wenn man vom Arzt gesagt bekommt: »Das sind normale Altersbeschwerden.«

Wie ist Ihre Meinung dazu?

Louises Antwort:

Nur weil Ihnen etwas von Kindheit an eingeredet wurde, muss es deshalb noch lange nicht wahr sein. Immerhin haben wir einmal geglaubt, die Erde sei eine Scheibe. Was wirklich der Heilung bedarf, ist unser Glaube, es sei »normal«, dass die Gesundheit im Alter nachlässt. Wir müssen das nicht glauben. Wir als Gesellschaft müssen diesen einschränkenden Glauben überwinden. Ihr Körper muss sich nicht zwangsläufig immer mehr abnutzen; er erneuert sich ständig.

Sie sollten den Arzt wechseln und sich einen ganzheitlich arbeitenden Mediziner suchen. Sind Sie sich bewusst, dass Ihre Ernährung einen Einfluss auf Ihren Gesundheitszustand haben kann? Wenn Sie bewusst im Reformhaus oder Bioladen einkaufen und einige Bücher über gesunde Ernährung lesen, können Sie zu neuen Erkenntnissen über Gesundheit und Heilung gelangen.

Gott gibt uns genau das, woran wir glauben. Wenn wir an Einschränkungen und Behinderungen glauben, werden wir sie erleben. Eine gute Affirmation für Sie wäre:

Ich bin bereit, stetig dazuzulernen,
und ich werde jeden Tag jünger.

Liebe Louise,

meine Mutter leidet an neurotisch-zwanghaftem Verhalten. Sie wäscht sich mindestens hundertmal am Tag die Hände und wiederholt ständig bestimmte Gedanken und Verse. Sie ist jetzt einundneunzig Jahre alt und lebt mit meinem achtundneunzigjährigen Vater allein in ihrem Haus. Sie ist nicht mehr in der Lage, das Haus in Ordnung zu halten, will sich aber weder von mir noch von anderen bei der Hausarbeit helfen lassen.

Als ich sie kürzlich besuchte, sagte sie mir, dass ich nicht mehr kommen solle, weil Unterbrechungen in ihrem Tagesablauf sie nervös machen würden. Ich bin sehr traurig, dass sie meine Hilfe zurückweist, und sehne mich danach, sie in die Arme zu nehmen, obwohl ich sie erst vor sieben Tagen zuletzt gesehen habe.

Können Sie mir ein paar Tipps für den Umgang mit alternden Eltern geben? Wie kann ich lernen, loszulassen und die Wünsche meiner Mutter zu respektieren?

Louises Antwort:

Machen Sie sich bitte klar, dass das Verhalten Ihrer Mutter nichts mit Ihnen zu tun hat. Alle Verhaltensweisen und Krankheiten entstehen aus dem Versuch, bestimmte Bedürfnisse zu befriedigen. Wenn wir die Bedürfnisse erkennen, die sich im Verhalten uns nahe stehender Menschen offenbaren, fällt es uns leichter, den Betreffenden in seinem Entwicklungsprozess liebevoll zu unterstützen.

Neurotisch-zwanghaftes Verhalten dient dazu, ein Kontrollbedürfnis zu befriedigen. Hinter solch übertriebenen Kontrollbedürfnissen steht immer Angst. Ängste entstehen zumeist in der Kindheit, weil wir uns als Kinder am wenigsten in der Lage fühlen, unser Leben und unsere Umwelt zu kontrollieren. Viele von uns fühlen sich im Alter wieder genauso verletzlich wie in der Kindheit. Wenn wir uns an unsere eigene kindliche Verletzlichkeit und Angst erinnern, kann uns das helfen, unseren alternden Eltern auf einfühlsame Weise Liebe und Unterstützung zu geben. Helfen Sie Ihrer Mutter dabei, sich sicher zu fühlen, soweit sie das zulässt. Wenn Sie zunächst einmal herausfinden, welche Wünsche sie hat und was sie braucht, um sich geborgen zu fühlen, wird sie möglicherweise Ihre Nähe eher akzeptieren.

Möglicherweise beschließt Ihre Mutter jedoch, Sie nicht mehr ins Haus zu lassen. Es könnte notwendig werden, dass Sie sich von Ihrem persönlichen Verantwortungsgefühl gegenüber Ihrer Mutter lösen, so herzzerreißend das sein mag. Unbedingt sollten Sie dabei Hilfe suchen. Sie sind mit Ihrem Problem nicht allein. Viele Menschen stehen vor der Herausforderung, ihren alternden Eltern auf angemessene Weise Liebe und Unterstützung zu geben und dabei gleichzeitig die Würde der alten Menschen zu achten. Tauschen Sie sich mit anderen Betroffenen aus. Auch sollten Sie nicht zögern, sich an kirchliche Beratungsstellen und andere soziale Einrichtungen zu wenden. Eine passende Affirmation für Ihre Situation wäre:

> *Meine Mutter und ich überwinden alle Schranken*
> *und finden den Weg zu persönlicher Freiheit.*
> *Wir sind frei, alles zu werden, was wir sein können!*

Liebe Louise,

ich bin eine dreiundachtzig Jahre alte, verwitwete Frau und habe ganz einfach keine Freude mehr am Leben. Ich habe eine Familie großgezogen, doch meine Kinder wohnen weit weg, und ich bin ganz allein. Die meisten meiner Freundinnen sind gestorben. Ich wache morgens auf und frühstücke. Dann sitze ich herum, schaue fern und frage mich, was ich mit meiner Zeit anfangen soll. Schreiben Sie mir bitte nicht, dass ich Mitglied in einem Seniorenklub werden oder als Babysitterin aushelfen soll. Daran habe ich wirklich kein Interesse. Außerdem lebe ich in einer abgelegenen Vorortsiedlung und bin auf den Bus angewiesen, sodass meine Mobilität sehr eingeschränkt ist.

Offen gesagt, manchmal möchte ich am liebsten Schluss machen, denn es gibt für mich wirklich nicht mehr viel, für das es sich zu leben lohnt. Mir schaudert bei dem Gedanken, dass das alles noch zehn oder mehr Jahre so weitergehen könnte. Was raten Sie jemandem wie mir?

Louises Antwort:

Sie scheinen ziemlich genau zu wissen, was Sie nicht wollen. Haben Sie sich denn auch einmal Gedanken darüber gemacht, was Sie wollen? Angenommen, alle Ihre Wünsche gingen in Erfüllung, welche Wünsche wären das? Wie würden Sie gerne den Rest Ihres Lebens verbringen? Es steht Ihnen offen, dort in Ihrer kleinen Stadt zu einem Licht der Hoffnung für Ihre Mitmenschen zu werden. Und die Segnungen, die Sie anderen Menschen schenken, kehren stets um ein Vielfaches vermehrt zu Ihnen zurück! Ist das nicht eine wunderschöne Vorstellung? Ich habe gerade von einer Gruppe Senioren in Roanoke, Virginia, gelesen, die wieder zur Schule gehen, um den Umgang mit dem Computer zu erlernen! Könnte das nicht auch für Sie ein aufregendes Erlebnis sein, noch einmal etwas Neues zu lernen? Mit dreiundachtzig sind Sie noch jung. Ich kenne eine sechsundneunzigjährige Frau, die leitende Sozialarbeiterin in ihrer Seniorengemeinde ist. Sie ist jeden Tag eifrig damit beschäftigt, anderen zu helfen. Sie sind immer noch hier; Sie haben den Planeten noch nicht verlassen. Genießen Sie Ihr Leben. Öffnen Sie

sich für neue Ideen! Schmieden Sie Pläne! Nehmen Sie
liebevolle Verbindung zu den Menschen in Ihrer Umgebung auf und bringen Sie vor allem sich selbst viel Liebe
und Wertschätzung entgegen.

Lernen Sie, sich selbst zu mögen. Wählen Sie Gedanken, bei denen Sie sich gut fühlen. Nur Sie selbst können
sich glücklich machen. Der einzige Ort, an dem Sie wirklich leben können, ist Ihr eigener Geist. Bejahen Sie:

Mein Leben fängt gerade erst an, und ich liebe es!
In der Unendlichkeit allen Lebens, von der ich ein Teil
bin, ist alles vollkommen, heil und ganz. Ich ent-
scheide mich bewusst, nicht länger den alten,
einschränkenden Vorstellungen über das Altern
anzuhängen. Ich freue mich über jedes neue Jahr.
Mein Wissen wächst stetig, und ich lebe
in ständigem Kontakt mit meiner inneren Weisheit.
Meine späten Jahre sind meine kostbarsten Jahre
und ich weiß, wie ich mich jugendlich und gesund
erhalten kann. Mein Körper wird in jedem Augenblick
meines Lebens erneuert. Ich bin vital, gesund und
quicklebendig und leiste bis zu meinem letzten Tag
einen konstruktiven Beitrag. Von nun an lebe
ich mein Leben gemäß diesen Einsichten.
Ich bin im Frieden mit meinem Alter.

Erfolg hat
keine Altersgrenze

M an glaubt es kaum, dass mein Buch *Gesundheit für Körper und Seele* bereits 1984 erschienen ist. Inzwischen ist es in mehr als vierzig Sprachen übersetzt worden, in mehr als hundertdreißig Ländern erhältlich und hat sich bislang weltweit um die vierzig Millionen mal verkauft.

Als ich das Buch damals schrieb, war ich bereits fast sechzig Jahre alt! Meine ursprüngliche Vision bestand darin, dass ich ein größeres Publikum als in meinen Workshops erreichen und möglichst vielen Menschen dabei helfen wollte, ihr Leben zum Besseren zu verändern. Ich ahnte nicht, dass das Universum diese Vision in einem solchen Ausmaß verwirklichen und ich derartig viele Menschen erreichen würde. Das Leben schien damals buchstäblich zu sagen: »Dieses Buch muss hinaus in die Welt. Es muss allen Menschen zugänglich gemacht werden.« Ich denke, der Erfolg von *Gesundheit für Körper und Seele* ist darauf zurückzuführen, dass ich Menschen, die ihr Leben ändern möchten, keine Schuldgefühle einrede, sondern ihnen wirkungsvoll dabei helfe, die notwendigen Veränderungen vorzunehmen und Selbstliebe zu erlernen. Auch dass meine Botschaft einfach und leicht zu verstehen ist, hat gewiss dazu beigetragen, ihr bei Menschen aus vielen unterschiedlichen Kulturkreisen zum Erfolg zu verhelfen.

Auf einer Buchmesse in Los Angeles lernte ich einen Buchhändler aus Nepal kennen, der mir berichtete, dass meine Bücher in seinem Geschäft in Kathmandu echte Bestseller sind. Seine Visitenkarte liegt auf meinem Schreibtisch, um mich daran zu erinnern, wie außergewöhnlich meine Verbundenheit zu Menschen überall auf der Welt ist. Und Monat für Monat erreichen mich über das Internet massenweise E-Mails. Viele dieser Briefe stammen von jungen Leuten, die heute meine Botschaft genauso wichtig und heilsam finden wie meine ersten Leser vor vielen Jahren.

So viel ist im Lauf der Jahre geschehen: Sechseinhalb Jahre lang arbeitete ich mit Aidskranken. Wir begannen zunächst mit einer Gruppe von sechs Männern, die sich bei mir zu Hause trafen. Innerhalb weniger Jahre entwickelte sich daraus ein wöchentliches Treffen mit über achthundert Teilnehmern, das wir den »Hayride« nannten. Für mich war das eine Zeit intensiven persönlichen Wachstums – eine ständige Herausforderung, meine Grenzen zu überschreiten und mein Herz zu öffnen. Diese Erfahrungen werden mir für immer unvergesslich sein. Die Hayride Support Group in West Hollywood existierte noch einige Zeit weiter, nachdem ich aus der Stadt aufs Land gezogen war.

Kurze Zeit nach dem Erscheinen des Buches ging ich mit einigen der Hayride-Mitglieder in die Oprah-Show, um den Zuschauern positive Botschaften zum Thema Aids zu vermitteln. In der gleichen Woche trat ich mit

Dr. Bernie Siegel in der Sendung *Donahue* auf. *Gesundheit für Körper und Seele* stand vierzehn Wochen lang auf der Bestsellerliste der *New York Times*. Ich kam aus dem Staunen nicht heraus, welche Wendungen mein Leben nahm und welche Türen sich für mich öffneten. Lange Zeit arbeitete ich täglich zehn Stunden, an sieben Tagen in der Woche.

Das Leben verläuft in Zyklen. Es gibt eine Zeit, in der man sich mit aller Kraft einer bestimmten Aufgabe widmet, und dann kommt eine Zeit, neue Ufer anzusteuern. Viele Jahre lang war es eine ständige Freude für mich, in meinem eigenen Garten zu arbeiten, Kompost herzustellen und die Erde organisch zu düngen. Auf gesunder Erde wachsen wirklich spektakuläre Blumen und Früchte. Ich baute einen großen Teil meiner Nahrung selbst an. Dann zog ich in die Stadt, nach San Diego, und wohnte eine Zeit lang in einem Hochhaus. Ich dachte, die Terrasse meiner Wohnung dort würde meinen gärtnerischen Ansprüchen genügen, aber das erwies sich als Irrtum. Jetzt wohne ich wieder auf dem Land und verbringe jede freie Minute damit, die Erde umzugraben, zu pflanzen und köstliches Obst und Gemüse zu ernten. Es gibt nichts Schmackhafteres und Gesünderes als frisch gepflückte Lebensmittel.

Die Malerei stand sehr lange auf meiner Wunschliste, und immer wieder unternahm ich einige Anläufe und besuchte Kurse. Zwei wundervollen Lehrerinnen verdanke ich es, dass ich auf diesem Gebiet große Fortschritte machte: Lynn Hays, die mir beibrachte, große Porträts in Öl zu malen; und Linda Bounds, die nicht nur mich inspiriert, sondern außerdem Alzheimer-Patienten dazu ermutigt, an Malgruppen teilzunehmen, wo sie alle gemeinsam an einem großen Bild arbeiten. Lindas Malkurse sind die einzigen Zeiten, in denen diese Patienten wieder normal sprechen. Die Malerei hat ganz sicher meinen kreativen Horizont und den vieler anderer Menschen enorm erweitert!

In den vergangenen zwanzig Jahren habe ich mehrere Tiere gerettet. Zu jedem dieser Tiere habe ich gesagt: »An dem, was du in der Vergangenheit durchmachen musstest, kann ich nichts ändern. Aber ich verspreche dir, dass du für den Rest deines Lebens Liebe und Fürsorge erfahren wirst.« Sie alle sind bei mir in Frieden alt geworden und inzwischen in die andere Dimension weitergereist. Meine Intuition sagt mir, dass ich im Moment keine weiteren Tiere halten soll, weil ich dann frei in der Welt umherreisen kann. Außerdem sind meine Nachbarn zur Rechten und zur Linken Hundebesitzer, sodass immer Gelegenheit ist, Zeit mit Tieren zu verbringen, wenn ich das gerne möchte.

Früher gab es nur wenige Menschen, die eine ähnliche Arbeit wie ich taten. Heute dagegen gibt es so viele gute Lehrer, dass ich nicht mehr den persönlichen Drang verspüre, die ganze Menschheit retten zu wollen. Ich habe über fünfundzwanzig Bücher geschrieben und zahlreiche Audiokassetten und Videos produziert. Damit steht den Leuten eine große Menge an Lehrmaterial zur Verfügung. Vorträge halte ich heute nur noch sehr selten. Ich arbeite jetzt lieber hinter den Kulissen, indem ich neue Autoren und begabte Lehrer unterstütze.

2008 gab es eine weitere Premiere für mich. Ich drehte meinen ersten Film! In der Filmindustrie bekommen viele Frauen schon mit fünfunddreißig keine Rollen mehr, weil man sie für zu alt hält. Ich dagegen bekam mit einundachtzig meine Chance, Filmstar zu werden. Im Lauf der Jahre wollten schon mehrere Leute meine Lebensgeschichte verfilmen, aber ich hatte nie das Gefühl, dass sie die Richtigen für diese Aufgabe waren. Dann, im Jahr 2007, führte das Leben mich mit dem Regisseur Michael Goorjian zusammen. Ich schaute in seine gütigen Augen und sah sein sanftes Lächeln, und da sagte mein Herz: Ja, das ist er!

Obwohl meine Art des Denkens Neuland für Michael und den Filmemacher Noah Veneklasen war, wusste ich, dass die Dreharbeiten und die anschließende Arbeit im Schneideraum ihnen die Zeit geben würde, sich mit meinen Ideen vertraut zu machen. Nicht nur wurde *You Can Heal Your Life – Der Film* ein Erfolg, sondern alle, die an der Produktion mitwirkten, erlebten viele positive Veränderungen in ihrem eigenen Leben.

Bücher zu lesen ist gut, aber wenn man sich einen Film anschaut, entfaltet die Botschaft eine noch tiefer gehende Wirkung. Ich habe unzählige Briefe erhalten, in denen man mir berichtet, welche positive Wirkung der Film im Leben vieler Menschen entfaltet. Der dramatischste Brief stammt von einem Mann, der fünf Jahre in einem japanischen Internierungslager verbrachte. Nachdem er den Film angeschaut hatte, war er endlich in der Lage, den Menschen zu vergeben, die ihn damals gefangen hielten, und sich von der Verbitterung zu befreien, die er so viele Jahre in sich getragen hatte.

Das Interesse an dem Film ist enorm, und ich zeichnete zwei Fernsehsendungen mit Oprah auf, in denen ich über das Buch und den Film sprach. Nachdem mein Buch ja schon einmal vierzehn Wochen auf der Bestsellerliste der *New York Times* gestanden hatte, steht es heute erneut auf dieser Liste – zweiundzwanzig Jahre später, das ist praktisch noch nie vorgekommen.

Seinerzeit gründete ich den Verlag Hay House, um *Gesundheit für Körper und Seele* im Selbstverlag herauszubringen. Ich konnte mir damals nicht vorstellen, dass einer der großen Verlage das Buch veröffentlicht hätte, weil die darin vertretenen Ansichten als zu radikal galten. Zu der Zeit gab es in den Buchhandlungen noch keine eigenen Regale zum Thema Lebenshilfe.

Heute dagegen sind mehr als die Hälfte der Titel, die auf der Bestsellerliste der *New York Times* stehen, Lebenshilfebücher. Wie sehr sich das Bewusstsein der Menschen inzwischen gewandelt hat! Es ist ein gutes Gefühl, zu den frühen Pionieren gehört zu haben, die als Erste die Botschaft verbreiteten, dass wir alle die Fähigkeit besitzen, die Verbesserung unserer Lebensqualität selbst in die Hand zu nehmen.

Heute ist Hay House einer der weltweit führenden Verlage auf dem Gebiet der Selbst- und Lebenshilfe und des Körper/Geist/Seele-Themenkreises. Wir unterhalten Niederlassungen in Australien, England, Südafrika, Indien und New York. Diese Entwicklung hat alle meine kühnsten Träume übertroffen. Am Anfang wollte ich lediglich den Menschen helfen, die ich nicht persönlich über meine Seminare erreichen konnte.

Ich glaube fest, dass das Universum selbst die Geschicke von Hay House gelenkt hat: Wenn wir neue Bücher herausbringen, handelt es sich stets um Werke, die den

Menschen dabei helfen, ein besseres Leben zu führen. Ich liebe es, vielversprechende junge Autoren zu fördern, deren Bücher den Lesern neue Perspektiven eröffnen.

Zu meiner Freude haben sich ausgezeichnete Menschen gefunden, die Hay House in meinem Sinne leiten. Verlagsleiter Reid Tracy ist für mich und das Unternehmen von unschätzbarem Wert. Sein Wissen und Weitblick haben bewirkt, dass meine Botschaften und die unserer anderen glänzenden Autoren heute überall auf dem Planeten gelesen werden können. Auch Shelley Anderson, meine persönliche Assistentin, leistet unschätzbare Dienste. Ich liebe die Mitarbeiterinnen und Mitarbeiter im Lektorat, dem Layout, der PR-Abteilung, dem Kundenservice, dem Marketing, der Buchhaltung und der Radio-Abteilung ebenso wie jene, die in Warenlager und Logistik tätig sind. Sie alle zusammen bilden die wunderbare Mischung unserer Hay-House-Familie, die uns alle so erfolgreich macht. Ich bin überzeugt, dass wir unsere besondere Mischung aus Lebenshilfe und Information noch lange in der Welt verbreiten werden – und damit zum Wohlergehen aller beitragen, die damit in Kontakt kommen.

Ein Astrologe hat mir früher einmal gesagt, dass es in meinem Geburtshoroskop eine Konstellation gibt, die besagt, dass ich vielen, vielen Menschen im direkten, persönlichen Gespräch helfen würde. Natürlich war vor einundachtzig Jahren der Kassettenrekorder noch nicht erfunden. Aus damaliger Sicht wäre dieses Horoskop also schwer zu deuten gewesen. Doch dank der Wunder der Technik begleitet der Klang meiner Stimme heute jeden Abend Tausende von Menschen auf Kassette (oder inzwischen auf CD). Meine Stimme kann also überall auf der Welt Menschen in den Schlaf geleiten!

Das führt dazu, dass viele Leute, denen ich noch nie begegnet bin, das Gefühl haben, mich zu kennen, weil wir so viele vertraute Momente miteinander verbracht haben. Zu den wundervollen Resultaten meiner Arbeit gehört es, dass ich fast überall, wo ich hinreise, liebevoll begrüßt und empfangen werde. Die Menschen betrachten mich als eine alte Freundin, die ihnen in vielen schwierigen Augenblicken geholfen hat.

Auch möchte ich gerne meine Gedanken über das Altern mit Ihnen teilen. Ganz gleich, wie alt wir sind, es ist nie zu spät, uns von Ballast zu befreien und neue Möglichkeiten zu entdecken. Lassen Sie mich von einem meiner Durchbrüche berichten.

Vor fünf Jahren, als ich sechsundsiebzig wurde, beschloss ich, etwas auszuprobieren, wovor ich mich immer gefürchtet hatte: Ich nahm an einem Tanzkurs teil. Schon seit meiner Kindheit hatte ich immer gerne tanzen wollen, jedoch nie den Mut gefunden, diesen Wunsch in die Tat umzusetzen. Schon vor vielen Jahren hatte ich mir gesagt: »Im nächsten Leben werde ich Tänzerin sein, doch in diesem ist es dafür zu spät.« So viel zum Thema negative Affirmationen.

Dann kam ich eines Tages an einem Tanzstudio vorbei, das mit dem Slogan »Tanzen lernen – Schritt für Schritt« warb. Ein Schritt nach dem anderen, dachte ich mir, auf diese Weise könnte vielleicht sogar ich es schaffen. Dann dachte ich: Ein paar Jahre wird dieses Leben bestimmt noch dauern, warum soll ich also bis zum nächsten warten? Und so begann für mich eine neue Ära.

Die ersten beiden Monate ging ich durch die Hölle. Jeden Mittwochnachmittag fürchtete ich mich vor der Tanzstunde, aber mir war klar, dass ich ganz einfach durchhalten musste. Während der ersten Stunde hielt ich, glaube ich, die ganze Zeit den Atem an. All der kindische emotionale Müll, der immer noch in mir schlummerte, kam zum Vorschein: Scham, Unsicherheit, die Angst, mich lächerlich zu machen – mein Körper wurde davon regelrecht überschwemmt. Ich schaffte es nicht einmal, eine passende Affirmation zu finden, um dem Einhalt zu gebieten.

Eine meiner Lehrerinnen sagte schließlich: »Louise, ich sehe, wie ängstlich du bist. Woher kommt diese Angst?« Ich konnte diese Frage nicht sofort beantworten. Aber später am Abend dachte ich ernsthaft darüber nach, und die Antwort lautete, dass ein Teil von mir überzeugt war, ich würde einen Schlag ins Gesicht bekommen, wenn ich beim Tanzen etwas »falsch« machte. Das zu erkennen, löste bei mir einen ziemlichen Schock aus. Da war ich inzwischen sechsundsiebzig Jahre alt geworden, und das kleine Kind in mir fürchtete sich noch immer davor, geohrfeigt zu werden!

Als ich in der nächsten Tanzstunde meiner Lehrerin von diesem Durchbruch erzählte, füllten sich ihre Augen mit Tränen. Und das war der Wendepunkt für mich. Die ganzen negativen Gefühle lösten sich auf. Endlich konnte ich mich ganz auf meine Schritte konzentrieren. Heute, fünf Jahre später, liegen viele Einzel- und Gruppenstunden hinter mir, und das Tanzen ist für mich zu einem großen Vergnügen geworden. Ich gehe oft tanzen. Also, Ihr Lieben, wenn ich das kann, dann könnt Ihr es auch!

Es ist nie zu spät, etwas Neues zu lernen.

Je älter ich werde, desto wichtiger wird eine gesunde Lebensweise für mich. Meine Ernährung ist einfach: Eiweiß, Gemüse und etwas Obst. Ich bin heute keine Vegetarierin mehr, war es aber lange Zeit. Auf jeden Fall esse ich sehr viel Gemüse. Weizen, Milchprodukte, Zucker, Mais, Zitrusfrüchte, Bohnen und Koffein nehme ich nur noch in seltenen Ausnahmefällen zu mir. Auch achte ich mehr als früher auf ausreichende Bewegung. Im Alter von fünfundsiebzig Jahren habe ich begonnen, dreimal pro Woche Yoga zu betreiben. Dadurch bin ich heute gelenkiger als in meiner Kindheit. Außerdem nehme ich Pilates-Trainingsstunden, und dreimal in der Woche walke ich eine Stunde. Das alles hilft mir, mich körperlich in Form zu halten.

Im Oktober 2007 feierte ich meinen achtzigsten Geburtstag. Was war das für ein Fest! Die ganze Hay-House-Familie von Mitarbeitern und Autoren war da, alle, die ich liebe und bewundere, und auch viele meiner persönlichen Freunde. Ich wandte mich an die Gästeschar und verkündete, dass das kommende Jahrzehnt das beste meines Lebens werden würde. Alle freuten sich, das zu hören. Ich bekam sogar eine spezielle Louise-Hay-Rose geschenkt. Es ist wunderbar, dass eine Rose nach mir benannt wurde! Das berührte mich tief, denn noch lange, wenn ich nicht mehr bin, wird diese Freude gegenwärtig bleiben. Ihr Rosenliebhaber, von dieser Züchtung sind noch Exemplare erhältlich! Auch wurde mir eine nach mir benannte Orchidee geschenkt, eine gelbe Cymbidium. Sie ist allerdings nur für Interessenten in Südkalifornien erhältlich, die sie im Freien anpflanzen können. Dieser

Abend war ein großartiger Auftakt für mein neuntes Lebensjahrzehnt.

Wer weiß, was die nächsten zwanzig Jahre für mich bringen werden? Ich habe noch einige Pläne. Doch das Leben ist so viel weiser als ich. Als Lehrerin möchte ich mich der Frage zuwenden, wie wir das Sterben zu einer freudvollen Erfahrung machen können. Was den Tod angeht, hegen wir so viele negative Glaubenssätze. Doch in Wahrheit handelt es sich um einen völlig normalen und natürlichen Vorgang. Wir werden alle geboren und sterben. Warum haben wir solche Angst vor dem Tod? Wir hatten schließlich auch keine Angst davor, geboren zu werden. Gegenwärtig glaube ich, dass unser Sterben dann leicht und glücklich sein wird, wenn wir zuvor ein glückliches, erfülltes Leben geführt haben. Ich werde diese Frage genauer erforschen und Ihnen dann berichten, was ich herausgefunden habe.

Alles ist gut. Das Leben ist wundervoll.

Was ich Ihnen
mit auf den Weg gebe

101 Kraft-Gedanken für Ihr Leben!

Die Gedanken, die wir denken, und die Worte, die wir sprechen, formen unaufhörlich unsere Welt und unsere Erfahrungen. Viele von uns stecken in der schlechten Angewohnheit negativen Denkens fest und erkennen nicht, welchen Schaden sie damit in ihrem Leben anrichten. Doch wir können unser Denken jederzeit ändern! Wenn wir lernen, uns immer wieder bewusst für positive Gedanken zu entscheiden, lösen sich die alten, negativen auf.

Wenn Sie also die nun folgenden Kraft-Gedanken lesen, sollten Sie Ihr Bewusstsein mit diesen Affirmationen und positiven Vorstellungen befreien und reinigen. Ihr Unterbewusstsein wird jene Kraft-Gedanken aufnehmen und sich einprägen, die im Moment für Sie wichtig sind. Diese positiven Ideen sind wie Dünger für Ihren Geist. Indem Sie sie immer wieder laut aufsagen oder gedanklich wiederholen, absorbieren Sie sie und schaffen damit einen gesunden Nährboden für Ihren Lebensgarten. Alles, was Sie einpflanzen, wird darin üppig gedeihen. Ich sehe Sie blühend gesund, von Schönheit umgeben, gesegnet mit einem Leben in Liebe, Wohlstand und

Freude. Sie befinden sich auf der herrlichen Straße von Wachstum und Entwicklung. Genießen Sie Ihre Reise.

1. Meine Heilung ist schon im Gange

Ihr Körper weiß, wie er sich selbst heilen kann. Räumen Sie alle störenden Hindernisse aus dem Weg. Lieben Sie Ihren Körper. Geben Sie ihm gesunde Nahrung und reines Wasser. Verwöhnen und achten Sie ihn. Schaffen Sie eine angenehme Atmosphäre. Lassen Sie zu, dass Heilung geschehen kann.

Wenn ich zur Vergebung bereit bin, kann die Heilung beginnen. Ich lasse mich von der Liebe meines Herzens durchströmen, die alle Teile meines Körpers reinigt und heilt. Ich weiß, ich verdiene es, gesund zu sein.

2. Ich vertraue auf meine innere Weisheit

In uns allen existiert eine ständige Verbindung zur unendlichen Weisheit des Universums. Dort finden wir die Antworten auf alle Fragen, die wir je stellen können. Lernen Sie, Ihrem inneren Selbst zu vertrauen.

Während ich meinen alltäglichen Beschäftigungen nachgehe, achte ich stets auf meine innere Führung. Meine Intuition ist immer auf meiner Seite. Ich weiß, ich kann mich immer auf sie verlassen. Ich bin behütet und geborgen.

3. Ich bin bereit zu vergeben

Wenn wir in einem Gefängnis aus selbstgerechter Verbitterung sitzen, sind wir nicht frei. Auch wenn wir nicht genau wissen, wie Vergebung geschehen kann, sollten wir zumindest bereit dazu sein. Das Universum reagiert auf unsere Bereitschaft und hilft uns, einen Weg zu finden.

Mir selbst und anderen zu vergeben befreit mich von der Vergangenheit. Vergebung ist die Antwort auf fast alle Probleme. Vergebung ist ein Geschenk, das ich mir selbst mache. Ich vergebe und werde dadurch frei.

4. Alles, was ich tue, schenkt mir tiefe Befriedigung

Wir werden den heutigen Tag kein zweites Mal erleben können, also ist jeder Augenblick kostbar. Alles, was wir tun, ist reich und erfüllt.

Jede Minute des Tages ist etwas Besonderes für mich, denn ich folge meiner Intuition und höre auf mein Herz. Ich bin im Frieden mit meiner Welt und dem, was ich tue.

5. Ich vertraue dem Lauf des Lebens

Wir sind dabei zu lernen, wie das Leben funktioniert. Das ist, als lernte man, einen Computer zu bedienen. Zuerst lernt man die einfachen, grundlegenden Dinge – wie man ihn ein- und ausschaltet, wie man ein Dokument öffnet und sichert, wie man etwas ausdruckt. Und bereits auf dieser Ebene vollbringt Ihr Computer wahre Wunder. Und doch kann er noch viel mehr für Sie tun, je mehr Sie in die Geheimnisse seiner Bedienung eindringen. So ist es auch mit dem Leben. Je besser wir verstehen, wie es funktioniert, desto mehr Wunder vollbringt es für uns.

*Es gibt einen Rhythmus und Fluss des Lebens, und ich
bin ein Teil davon. Das Leben erhält mich und bringt mir
nur gute und positive Erfahrungen. Ich vertraue darauf,
dass mein Leben mich zu den allerhöchsten Zielen trägt.*

6. Meine Wohnung ist das perfekte Zuhause für mich

Unsere Wohnung spiegelt immer unseren gegenwärtigen
Bewusstseinszustand wider. Wenn wir unser momentanes
Zuhause hassen, werden wir diesen Hass bei einem Um-
zug mitnehmen. Segnen Sie Ihr jetziges Domizil liebevoll.
Seien Sie dankbar dafür, dass es Ihre Bedürfnisse erfüllt.
Bekräftigen Sie, dass nach Ihrem Umzug wunderbare
Menschen in Ihr ehemaliges Heim einziehen werden.
Hinterlassen Sie ihnen liebevolle Gedanken, dann werden
Sie auch in Ihrer neuen Wohnung Liebe spüren. Als ich
das letzte Mal umzog, entschied ich, ein Haus zu kaufen,
in dem zuvor zwei Liebende gewohnt hatten. Und natür-
lich fand ich ein solches Haus. Es ist ganz von liebevollen
Schwingungen erfüllt.

*Ich sehe mich selbst inmitten eines wunderschönen
Zuhauses. Es erfüllt alle meine Bedürfnisse und
Wünsche. Es liegt in einer schönen Umgebung,
und ich kann es mir mühelos leisten.*

7. Ich löse mich von der Vergangenheit und vergebe allen Menschen

Auch wenn es uns schwerfällt, uns von alten Verletzungen zu lösen – es muss sein, denn sonst blockieren wir
uns selbst. Wenn ich mich von der Vergangenheit löse,
wird meine Gegenwart reicher und erfüllter.

Ich befreie mich und alle Menschen in meinem Leben
von alten Schmerzen und Verletzungen.
Die anderen sind frei, und ich bin frei für neue,
wunderschöne Erfahrungen.

8. Der Kraftpunkt liegt immer in der Gegenwart

Ganz gleich, wie lange Ihnen ein Problem schon zu schaffen macht, Sie können jetzt augenblicklich eine Veränderung herbeiführen. Denn wenn Sie Ihr Denken ändern, ändert sich auch Ihr Leben.

Die Vergangenheit ist vorbei und hat keine Macht mehr
über mich. Ich kann jetzt sofort frei sein. Was ich heute
denke, entscheidet über meine Zukunft. Ich bestimme
selbst über mein Leben. Ich hole mir jetzt meine Macht
zurück. Ich bin behütet und geborgen, und ich bin frei.

9. Inmitten aller Veränderungen kann mir nichts geschehen

Was wir glauben, wird wahr für uns. Je mehr wir dem Leben vertrauen, desto mehr ist das Leben für uns da.

Mit Freude und Leichtigkeit gehe ich meiner Wege.
Aus dem »Alten« werden wunderbare neue
Erfahrungen. Mein Leben wird täglich
besser und besser.

10. Ich bin bereit, mich zu ändern

Wir alle wollen, dass sich unser Leben ändert und dass die anderen sich ändern. Doch in unserer Welt wird sich gar nichts ändern, solange wir selbst nicht dazu bereit sind. Oft klammern wir uns viel zu sehr an Gewohnheiten und Überzeugungen, die uns nicht länger dienlich sind.

Ich bin bereit, mich von alten, negativen Glaubenssätzen zu befreien. Sie stehen mir ab jetzt nicht mehr im Weg. Meine neuen Gedanken sind positiv und ermutigend.

11. Es sind nur Gedanken, und Gedanken lassen sich verändern

Auch die schrecklichsten Dinge, die wir uns in unserer Fantasie ausmalen können, sind lediglich Gedanken. Dass wir uns selbst auf diese Weise Angst einjagen, ist überflüssig und vermeidbar. Machen Sie Ihre Gedanken zu Ihren besten Freunden – Gedanken, die Ihre Welt auf positive Weise beeinflussen. Tröstende Gedanken, liebevolle Gedanken, freundliche Gedanken, fröhliche Gedanken. Gedanken der Weisheit und der Ermutigung.

Altes Denken schränkt mich jetzt nicht mehr ein. Ich wähle meine Gedanken sorgfältig. Ständig gelange ich zu neuen Erkenntnissen und sehe meine Welt auf neue Weise. Ich bin bereit für Veränderung und Entwicklung.

12. Meine Gedanken erschaffen meine Zukunft

Ich achte ständig darauf, was ich denke. Wenn ich merke, dass sich ein liebloser, unfreundlicher Gedanke in mein Bewusstsein einschleicht, ersetze ich ihn sofort und bewusst durch einen freundlichen und liebevollen. Das Universum hört mir immer zu und reagiert auf meine

Gedanken. Ich halte diese Verbindung so klar und rein wie möglich.

Das Universum unterstützt unterschiedslos alles,
was ich denke und glaube. Ich habe die freie Wahl,
was ich gerne denken möchte. Daher entscheide ich mich
für Gedanken der Harmonie, des Gleichgewichts und
des Friedens; und ich bringe diese Gedanken in
meinem Leben zum Ausdruck.

13. Es gibt keine Schuld

Könnten wir einmal für eine Weile in den Schuhen eines anderen Menschen gehen, verstünden wir sein Verhalten besser. Wir alle kamen als schöne, kleine Babys auf die Welt, völlig offen dem Leben vertrauend, mit viel Selbstvertrauen und Selbstliebe. Wenn wir heute nicht mehr so sind, dann hat uns irgendwann jemand etwas anderes gelehrt. Doch wir können das Negative auch wieder verlernen.

Ich verzichte ab sofort darauf, anderen Menschen,
aber auch mir selbst, Vorwürfe zu machen. Wir alle
geben unser Bestes, entsprechend dem Wissen und
den Einsichten, die uns zur Verfügung stehen.

14. Ich befreie mich von allen Erwartungen

Wenn wir nichts Bestimmtes erwarten, können wir auch nicht enttäuscht werden. Wenn wir aber uns selbst lieben und wissen, dass uns immer nur Gutes bevorsteht, dann finden wir Zufriedenheit in allem, was das Leben für uns bereithält.

Ich schwimme freudig und frei mit dem Fluss des Lebens.
Ich liebe mich. Ich weiß, dass an jeder Flussbiegung
nur Gutes auf mich wartet.

15. Ich sehe klar

Die Weigerung, uns bestimmten Aspekten unseres Lebens zu stellen, kann unser physisches Sehvermögen beeinträchtigen. Diese fehlende Bereitschaft, die Wahrheit klar zu sehen, ist ein Versuch, sich zu schützen. Augenärzte tragen nur wenig zur Lösung dieses Problems bei. Sie verordnen nur immer stärkere Gläser. Auch ungesunde Ernährung kann unser Sehvermögen beeinträchtigen.

Ich löse mich von alten Denkmustern, die mich daran
hindern, die Wahrheit klar zu sehen. Ich sehe die
Vollkommenheit allen Lebens. Ich vergebe bereitwillig.
Ich lasse liebevolle Energie durch meine Augen strömen,
und ich sehe alles im Licht von Mitgefühl und Verständ-
nis. Meine Einsichtigkeit schärft mir den Blick.

16. Das Universum beschützt mich. Liebevoll bin ich mit allem Leben verbunden

Diese Affirmation trage ich in meiner Geldbörse bei mir. Jedes Mal, wenn ich Geld herausnehme, lese ich: Das Universum beschützt mich. Liebevoll bin ich mit allem Leben verbunden. Das erinnert mich immer daran, worauf es im Leben wirklich ankommt.

Ich atme jetzt die Fülle und den Reichtum des Lebens.
Voll Freude spüre ich, wie das Leben mich so reich
beschenkt, dass es meine kühnsten Träume übertrifft.

17. Mein Leben ist ein Spiegel

In jedem Menschen meines Lebens spiegelt sich ein Teil von mir. In den Menschen, die ich nicht mag, spiegeln sich jene Teile meiner Persönlichkeit, die Heilung brauchen. Alles, was mir im Leben widerfährt, ist eine Gelegenheit für persönliches Wachstum und Heilung.

Die Menschen meines Lebens sind Spiegel meiner selbst.
Sie geben mir die Möglichkeit, zu lernen und
mich weiterzuentwickeln.

18. Ich bringe meine männlichen und weiblichen Wesensanteile ins Gleichgewicht

Wir alle haben männliche und weibliche Aspekte. Wenn diese beiden Seiten sich im Gleichgewicht befinden, sind wir gesund und vollständig. Ein ausgeprägter Macho-Mann hat keinen Kontakt zur intuitiven Seite seiner Persönlichkeit. Und eine schwache, zaghafte Frau bringt ihre starke, intelligente Seite nicht zum Ausdruck. Wir alle brauchen beide Seiten.

Die männlichen und weiblichen Anteile meiner
Persönlichkeit befinden sich in vollkommener Harmonie
und im Gleichgewicht. Ich bin friedvoll, und alles ist gut.

19. Freiheit ist mein göttliches Recht

Wir haben in unserem Leben völlige Entscheidungsfreiheit. Und wir treffen diese Entscheidungen mit unserem Denken. Kein Mensch, keine Institution kann für uns denken, solange wir selbst das nicht zulassen. Wir sind in unserem Leben der einzige Denker. Wir haben vollkommene geistige Freiheit. Was wir denken und glauben, kann unsere äußeren Lebensumstände völlig verändern.

Ich habe die Freiheit, wunderschöne Gedanken zu denken. Ich lasse alle gedanklichen Begrenzungen hinter mir und beanspruche meine Freiheit. Ich entdecke und nutze jetzt alle meine Möglichkeiten.

20. Ich befreie mich von allen Ängsten und Zweifeln

Ihre Ängste und Zweifel halten Sie nur davon ab, das Gute zu beanspruchen, das Sie herbeisehnen. Befreien Sie sich davon.

Ich befreie mich jetzt bewusst von allen destruktiven Ängsten und Zweifeln. Ich akzeptiere mich so, wie ich bin, und konzentriere mich ganz auf den inneren Frieden. Ich werde immer geliebt, und mir kann nichts geschehen.

21. Göttliche Weisheit führt mich auf allen Wegen

Viel zu viele Menschen sind sich nicht bewusst, dass es in uns eine innere Weisheit gibt, die immer auf unserer Seite ist. Wir schenken unserer Intuition keine Beachtung, und dann wundern wir uns, warum unser Leben voller Probleme ist. Lernen Sie, auf Ihre innere Stimme zu hören. Diese innere Stimme weiß immer Rat.

Ich treffe heute stets die richtigen Entscheidungen, denn meine Intuition leitet mich. Göttliche Intelligenz hilft mir, nach den richtigen Zielen zu streben. Mir kann nichts geschehen.

22. Ich liebe das Leben

Jeden Morgen, wenn ich aufwache, freue ich mich auf den neuen, schönen Tag – einen Tag, wie ich ihn noch nie erlebt habe. Er wird mir neue, interessante Erfahrungen bringen. Ich bin froh, lebendig zu sein.

Ein Leben in Fülle und Freiheit ist mein Geburtsrecht.
Ich gebe dem Leben, was ich mir vom Leben wünsche.
Ich bin froh, leben zu dürfen. Ich liebe das Leben!

23. Ich liebe meinen Körper

Ich bin so froh darüber, in meinem wunderbaren Körper leben zu dürfen. Er wurde mir für dieses Leben anvertraut, und ich bin dankbar dafür und kümmere mich liebevoll um ihn. Ich liebe jeden Zentimeter meines Körpers, innen und außen, das, was ich sehe, und das, was ich nicht sehe, jedes Organ und jede Drüse, jeden Muskel und jeden Knochen, jede einzelne Zelle. Mein Körper dankt es mir durch blühende Gesundheit und vibrierende Lebendigkeit.

Ich erzeuge in mir geistigen Frieden, und in
meinem Körper bewirkt dieser Frieden
vollkommene Gesundheit.

24. Ich mache das Beste aus allem, was ich erlebe

Wenn ich mit einem Problem konfrontiert bin, und das passiert uns allen immer wieder, sage ich sofort: Aus dieser Situation entsteht für alle Beteiligten nur Gutes. Es gibt eine für alle befriedigende Lösung. Alles ist gut, und mir kann nichts geschehen. Diese Affirmation wiederhole ich immer wieder. Sie bewirkt, dass ich Ruhe bewahre und darauf vertraue, dass das Universum die beste Lösung findet. Oft ist es dann verblüffend zu erleben, wie rasch das Problem sich zur allgemeinen Zufriedenheit löst.

*Für jedes Problem gibt es eine Lösung. Alles,
was ich erlebe, ist für mich eine Gelegenheit, zu
lernen und zu wachsen. Mir kann nichts geschehen.*

25. Frieden erfüllt mich

Tief im Zentrum meines Seins existiert eine nie versiegende Quelle des Friedens, so tief und klar wie ein Bergsee. Kein Mensch, kein Problem, keine Verwirrung kann mir etwas anhaben, wenn ich mich an diesen inneren Ort begebe. Dort finde ich Ruhe. Mein Denken wird klar. Ich empfange göttliche Inspirationen. Frieden erfüllt mich.

*Göttlicher Frieden, göttliche Harmonie umgeben und
erfüllen mich. Ich empfinde Toleranz, Mitgefühl und
Liebe für alle Menschen, einschließlich mir selbst.*

26. Ich bin flexibel und anpassungsfähig

Das Leben wandelt sich ständig. Wer in seinem Denken starr und unflexibel ist, wird leicht umgeworfen, wenn ein neuer Wind weht. Diejenigen aber, die elastisch und biegsam wie Weidenholz sind, können sich leicht Veränderungen anpassen. Sträuben wir uns gegen den Wandel, zieht das Leben an uns vorbei, und wir bleiben allein zurück. So wie wir uns wohler fühlen, wenn unser Körper gelenkig und beweglich ist, lebt es sich auch mit einem beweglichen Geist einfach besser.

Ich bin offen für Veränderungen und neue Erfahrungen.
Ständig bieten sich mir neue, wunderbare Chancen,
mich selbst zu entdecken. Leicht und mühelos
folge ich dem Fluss des Lebens.

27. Ich richte mich nicht nach den Ängsten und negativen Meinungen anderer

Ich bin nicht an die Ängste und einengenden Vorstellungen meiner Eltern gebunden. Ich bin noch nicht einmal an meine eigenen Ängste und Vorurteile gebunden. Das alles sind lediglich unwahre Gedanken, die sich in meinem Geist breitgemacht haben. Ich kann sie so leicht beseitigen, wie ich ein Fenster putze. Wenn das Fenster meines Geistes sauber ist, kann ich die Natur meiner negativen Gedanken klar erkennen und mich von ihnen befreien.

Es ist »mein« Geist, der meine Erfahrungen
hervorbringt. Meine Fähigkeit, Gutes zu bewirken,
ist grenzenlos.

28. Ich verdiene es, geliebt zu werden

So vielen von uns wurde beigebracht, dass Liebe immer an Bedingungen geknüpft ist. Daher glauben wir, wir müssten uns die Liebe anderer Menschen verdienen. Wir glauben nicht, liebenswert zu sein, wenn wir keine glänzende Karriere, kein volles Bankkonto oder einen Körper wie ein Fotomodell vorzuweisen haben. Das ist Unsinn. Wir brauchen uns auch das Recht zu atmen nicht erst verdienen. Gott hat es uns verliehen, indem er uns erschuf. Und so ist es auch mit dem Recht, zu lieben und geliebt zu werden. Wir verdienen es, geliebt zu werden, einfach weil es uns gibt.

> *Ich brauche mir Liebe nicht zu verdienen. Ich bin*
> *liebenswert, weil ich existiere. Andere Menschen*
> *spiegeln wider, wie sehr ich mich liebe.*

29. Meine Gedanken sind schöpferisch

Wenn mir ein negativer Gedanke durch den Kopf geht, sage ich sofort: »Hinaus mit dir!« Kein Mensch, Ort oder Ding hat Macht über mich, denn ich bin in meinem Geist der einzige Denker. Ich erschaffe meine Realität und alles, was darin ist.

> *Ich habe gelernt, meine Gedanken zu lieben;*
> *sie sind meine besten Freunde.*

30. Ich lebe im Frieden mit meiner Sexualität

Ich glaube, dass ich im Laufe meiner vielen Leben schon jede Form der Sexualität kennengelernt habe. Ich bin Mann und Frau gewesen, heterosexuell und homosexuell. Manchmal billigte die Gesellschaft, in der ich lebte, meine Sexualität, manchmal nicht. Meine Sexualität war immer eine Quelle des Lernens für mich, und so ist es auch in diesem Leben. Doch ich weiß auch, dass meine Seele geschlechtslos ist.

> *Ich freue mich an meiner Sexualität und meiner*
> *Körperlichkeit. Ich habe den für dieses Leben*
> *perfekten Körper. Liebevoll und mitfühlend*
> *akzeptiere ich mich so, wie ich bin.*

31. Mein Alter ist kein Problem für mich

Ich lebe immer im Jetzt. Ja, die Zahl meiner Jahre nimmt stetig zu. Aber ich bin so alt oder so jung, wie ich mich fühle. Es gibt uralte Zwanzigjährige und junggebliebene Neunzigjährige. Ich weiß, ich bin auf diesen Planeten gekommen, um jede Lebensstufe kennen und lieben zu lernen. Wenn ich es zulasse, vollziehen sich die Übergänge von einer Lebensstufe zur nächsten sanft und harmonisch. Ich denke gesunde, freudige Gedanken, und mein Körper reagiert dementsprechend. Ich bin im Frieden mit dem Lauf der Zeit, und ich freue mich auf jeden neuen Tag.

Jeder Tag hält neue Freuden und Erfahrungen
für mich bereit. Ich habe immer das richtige Alter.

32. Die Vergangenheit ist vorbei

Ich kann die Zeit nicht zurückdrehen, außer in meiner Fantasie. Ich kann ständig in alten Erinnerungen kramen, aber damit vergeude ich kostbare Augenblicke meiner Gegenwart – Augenblicke, die für immer verloren sind. Daher lasse ich die Vergangenheit ruhen und wende meine ganze Aufmerksamkeit dem Heute zu. Heute ist meine Zeit. Heute kann ich mich an meinem Leben erfreuen.

Heute ist ein neuer Tag. Ein Tag, wie ich ihn noch
nie zuvor erlebt habe. Ich verweile im Jetzt und
genieße jeden Augenblick.

33. Ich kritisiere nicht

Menschen, die selbstgerecht ständig andere kritisieren und verurteilen, sind voller Selbsthass. Weil sie sich selbst nicht ändern wollen, zeigen sie mit dem Finger auf andere. Überall sehen sie nur Negatives. Weil sie so kritisch sind, ziehen sie ständig negative Erlebnisse an, die sie scheinbar in ihrer Haltung bestätigen. Einer der wichtigsten Schritte auf dem Weg zu spirituellem Wachstum besteht darin, völlig auf jede Form der Kritik zu verzichten – anderen, aber vor allem auch sich selbst gegenüber. Wir haben immer die Wahl, freundliche Gedanken, unfreundliche Gedanken oder neutrale Gedanken zu denken. Je freundlicher und liebevoller unsere Gedanken sind, desto mehr Liebe und Freundlichkeit ziehen wir in unser Leben.

Ich behandle andere Menschen so, wie ich selbst gern behandelt werden möchte. Meine Liebe und Toleranz spiegeln sich darin, wie meine Mitmenschen sich mir gegenüber verhalten.

34. Ich bin bereit loszulassen

Jeder Mensch kann selbst in Kontakt mit seiner inneren Weisheit und Führung treten, also brauche ich anderen nicht ihre Verantwortung abzunehmen. Ich bin nicht hier, um andere zu kontrollieren. Ich bin hier, um mein eigenes Leben in Ordnung zu bringen. Andere Menschen treten immer zum genau richtigen Zeitpunkt in mein Leben, wir verbringen so viel Zeit miteinander, wie es uns bestimmt ist; wenn es Zeit ist, geht jeder wieder seine eigenen Wege. Und ich entlasse den betreffenden Menschen wieder liebevoll aus meinem Leben.

Ich lasse die anderen ihren Weg gehen und bin selbst frei, meinen eigenen Weg zu finden.

35. Ich sehe meine Eltern als liebesbedürftige Kinder

Wenn wir Probleme mit unseren Eltern haben, vergessen wir oft, dass auch sie einmal unschuldige kleine Kinder waren. Wer hat ihnen beigebracht, andere zu verletzen? Wie können wir ihnen dabei helfen, ihren Schmerz zu heilen? Wir alle brauchen Liebe und Heilung.

Ich habe Verständnis für meine Eltern und die Kindheitserfahrungen, die sie prägten. Ich weiß, ich habe mir diese Eltern ausgesucht, weil sie ideal sind für die Lektionen, die ich in diesem Leben lernen muss. Ich verzeihe ihnen und gebe sie frei, und dadurch befreie ich auch mich.

36. Mein Zuhause ist ein Ort des Friedens

Wenn Sie Ihr Heim lieben, strahlt es diese Liebe aus. Schenken Sie jedem Zimmer liebevolle Gedanken, auch wenn Sie sich nur kurz darin aufhalten. Und wenn Sie eine Garage haben, sollten Sie auch dort für eine liebevolle Atmosphäre sorgen. Hängen Sie dort ein Bild oder sonst etwas Hübsches auf, damit Sie gleich, wenn Sie nach Hause kommen, von Schönheit umgeben sind.

Ich segne mein Heim liebevoll. Und mein Heim dankt es mir, indem es Wärme und Behaglichkeit ausstrahlt. Ich bin friedvoll.

37. Ich sage Ja zum Leben, und das Leben sagt Ja zu mir

Das Leben hat immer Ja zu Ihnen gesagt, auch als Sie negative Erfahrungen erzeugten. Nun, wo Ihnen dieses

Lebensgesetz bewusst ist, können Sie sich bewusst eine positive Zukunft erschaffen.

Das Leben reflektiert jeden meiner Gedanken.
Wenn ich mich auf Positives konzentriere, bringt das
Leben mir nur gute Erfahrungen.

38. Es ist genug für alle da, auch für mich

Es gibt so viel Nahrungsmittel auf diesem Planeten, dass niemand hungern müsste. Trotzdem müssen Menschen Hunger leiden, nicht, weil es an Nahrungsmitteln mangelt, sondern weil unsere Lieblosigkeit solche Zustände ermöglicht. Es gibt so viel Geld und Besitz auf dieser Welt – mehr, als wir uns vorstellen können. Würde man diesen Reichtum gerecht verteilen, wären die, die heute reich sind, schon nach kurzer Zeit wieder reich, und die, die heute arm sind, wären genauso schnell wieder arm. Denn Reichtum hat etwas mit dem eigenen Bewusstseinszustand zu tun, mit dem, was man im Leben zu verdienen glaubt. Milliarden Menschen leben auf diesem Planeten, und doch behaupten Einzelne davon, einsam zu sein. Wenn wir nicht selbst den ersten Schritt tun, kann die Liebe uns nicht finden. Also muss ich mich selbst achten und immer wieder bekräftigen, dass ich Gutes verdiene, dann wird das Leben immer gut für mich sorgen.

Der Ozean des Lebens ist übervoll. All meine Wünsche
werden erfüllt, noch ehe ich darum gebeten habe.
Von überall her kommt Gutes auf mich zu.

39. Alles ist gut in meiner Welt

Mein Leben lief schon immer perfekt, nur war mir das nicht bewusst. Ich erkannte nicht, dass jedes negative Ereignis in meiner Welt das Resultat meiner eigenen Glaubenssätze war. Jetzt bin ich mir dieser Tatsache bewusst und kann mein Denken so umprogrammieren, dass mein Leben auf allen Ebenen wunderbar funktioniert.

In meinem Leben läuft alles bestens,
jetzt und in aller Zukunft.

40. Meine Arbeit schenkt mir tiefe Erfüllung

Wenn wir lieben, was wir tun, sorgt das Leben dafür, dass wir immer etwas Interessantes, Kreatives zu tun haben. Wenn Sie geistig und seelisch zu einem neuen Schritt in Ihrem Leben bereit sind, wird diese Veränderung auch eintreten. Geben Sie immer Ihr Bestes.

Ich tue, was ich liebe, und ich liebe, was ich tue.
Ich weiß, dass ich immer am richtigen Ort arbeite,
mit den richtigen Leuten, und dass ich alle wertvollen
Lektionen lerne, die meine Seele lernen muss.

41. Das Leben schützt und erhält mich

Wenn Sie die Gesetze des Lebens befolgen, wird das Leben immer bestens für Sie sorgen.

Das Leben erschuf mich, um sich durch mich zu erfüllen.
Ich vertraue dem Leben, und das Leben ist immer
auf meiner Seite. Mir kann nichts geschehen.

42. Meine Zukunft ist herrlich

Unsere Zukunft wird durch das geformt, was wir heute denken und aussprechen. Denken Sie also große Gedanken, dann werden Sie eine große Zukunft haben.

Ich lebe jetzt in Liebe, Licht und Freude.
Alles ist gut in meiner Welt.

43. Ich öffne dem Leben neue Türen

Im Korridor des Lebens gibt es Türen auf jeder Seite. Hinter jeder Tür wartet eine neue Erfahrung auf mich. Je mehr ich mich von negativem Denken befreie, desto mehr Türen zu guten Erfahrungen öffnen sich mir. Klarheit des Denkens verhilft mir zum Besten, was das Leben mir zu bieten hat.

Ich freue mich über das, was ich habe, und ich weiß,
dass frische, neue Erfahrungen auf mich warten.
Ich empfange das Neue mit offenen Armen.
Ich vertraue darauf, dass das Leben nur Gutes
für mich bereithält.

44. Ich beanspruche meine Macht und erschaffe liebevoll meine Realität

Niemand kann Ihnen diese Aufgabe abnehmen. Sie allein sind für Ihr Denken verantwortlich. Wenn Sie Ihre Macht an andere Menschen abgeben, verzichten Sie darauf, über Ihr Leben selbst zu bestimmen. Beanspruchen Sie Ihre Macht, dann gehört sie Ihnen. Machen Sie weisen Gebrauch davon.

Ich bitte um Erkenntnis, die mir hilft,
meine Welt positiv und mit Liebe zu gestalten.

45. Ich finde jetzt einen wunderbaren neuen Job

Segnen Sie Ihren bisherigen Arbeitsplatz, und wünschen Sie dem, der ihn übernimmt, das Beste, in dem sicheren Wissen, dass Sie nun auf eine neue Ebene des Lebens vordringen. Formulieren Sie die Affirmationen für Ihren neuen Job klar und positiv. Seien Sie sich bewusst, dass Sie nur das Beste verdienen.

Ich bin jetzt offen für eine neue, wunderbare
berufliche Position, in die ich meine kreativen Talente
und Fähigkeiten einbringen kann, in der ich mit
sympathischen Menschen zusammenarbeite und
gutes Geld verdiene.

46. Alles, was ich anfasse, wird ein Erfolg

Wir können uns immer zwischen Armutsdenken und Wohlstandsdenken entscheiden. Wenn wir in Begriffen von Mangel und Beschränkung denken, werden wir dementsprechende Erfahrungen machen. Wenn Ihr Denken ärmlich ist, werden Sie es nicht zu Wohlstand bringen. Um Erfolg zu haben, müssen Sie ständig an Wohlstand und Fülle denken.

Ich lege mir jetzt ein neues Erfolgs-Bewusstsein zu.
Ich weiß, ich kann erfolgreich sein, wenn ich es wirklich
will. Ab sofort bin ich eine Gewinnerin. Goldene
Möglichkeiten tun sich vor mir auf. Wohlstand strömt
reichlich in mein Leben.

47. Ich bin offen für neue Wege, auf denen Wohlstand in mein Leben fließen kann

Wenn wir offen und empfangsbereit sind, findet das Leben viele Wege, unser Einkommen zu mehren. Wenn wir bekräftigen und verinnerlichen, dass wir nur Gutes verdienen, wird die unendliche Quelle für uns neue Kanäle öffnen. Oft beschränken wir unser Glück durch den Glauben, uns stünde nur ein bestimmtes Einkommen zu, oder durch andere einengende Ideen. Wenn wir unser Bewusstsein öffnen, genießen wir bei der Bank des Himmels immer unbegrenzten Kredit.

Ich empfange jetzt Gutes aus erwarteten und unerwarteten Quellen. Ich bin grenzenloses Sein, das aus einer nie versiegenden Quelle schöpft. Ich bin über alle Maßen gesegnet.

48. Ich verdiene das Beste und akzeptiere nur das Beste

Das Einzige, was uns davon abhält, alle guten Dinge des Lebens zu genießen, ist unser Glaube, wir hätten das nicht verdient. Irgendwann in der Kindheit wurde uns beigebracht, dass uns diese Dinge nicht zustehen, und wir haben es geglaubt. Jetzt wird es Zeit, dass wir uns von diesem Glauben befreien.

Ich bin geistig und seelisch dafür gerüstet, ein schönes Leben in Gesundheit und Wohlstand zu genießen. Es ist mein Geburtsrecht, mich meines Lebens zu freuen. Ich beanspruche jetzt mein Glück.

49. Das Leben ist leicht

Die Gesetze des Lebens sind sehr einfach, zu einfach für Leute, die immer unbedingt kämpfen und es sich unnötig schwer machen müssen. Was Sie geben, wird auch Ihnen gegeben. Was Sie über das Leben glauben, verwirklicht sich für Sie. So einfach ist es.

> *Alles, was ich wissen muss, wird mir zur rechten Zeit enthüllt. Ich vertraue mir, und ich vertraue dem Leben. Alles ist gut.*

50. Ich bin jeder Situation gewachsen

Sie sind viel mehr, als Sie glauben. Sie stehen unter göttlichem Schutz. Sie haben einen direkten Draht zur Weisheit des Universums. Sie sind nie allein. Sie haben alles, was Sie brauchen. Keine Frage, dass Sie jeder Situation gewachsen sind.

> *Ich bin eins mit der Macht und Weisheit des Universums. Ich beanspruche diese Macht, und es fällt mir leicht, alles im Leben zu meistern.*

51. Liebevoll achte ich auf die Botschaften meines Körpers

Sobald Sie auch nur das leiseste körperliche Unbehagen verspüren, sollten Sie, statt Ihr Geld der Pharmaindustrie zu schenken, sich ruhig hinsetzen, die Augen schließen, dreimal tief durchatmen und Ihre innere Führung fragen: »Was möchte mir mein Körper mit diesem Symptom sagen?« Wenn Sie stattdessen zum Arzneischrank laufen und eine Pille schlucken, sagen Sie Ihrem Körper damit:

»Sei gefälligst still!«. Bitte, hören Sie auf Ihren Körper. Er liebt Sie.

Mein Körper ist immer um optimale Gesundheit bemüht. Mein Körper strebt immer nach Wohlbefinden und Vitalität. Ich arbeite harmonisch mit ihm zusammen und werde gesund und heil.

52. Ich bin kreativ

Alle Menschen besitzen ihre eigene Form der Kreativität. Wenn wir uns selbst lieben, sollten wir uns die Zeit nehmen, diese Kreativität auszudrücken. Wenn wir glauben, wir seien viel zu beschäftigt, um uns kreative Mußestunden zu gönnen, fehlt uns eine wichtige Quelle der Freude und Befriedigung.

Meine einzigartigen kreativen Talente und Fähigkeiten schenken mir Freude und Befriedigung.
Meine Kreativität ist immer gefragt.

53. Mein Leben ändert sich jetzt zum Besseren

Unser Leben ist ständigen Veränderungen unterworfen. In der Vergangenheit habe ich in meinem Leben viele negative Veränderungen verursacht; jetzt, wo ich gelernt habe, mich von alten, überlebten Denkmustern zu befreien, gibt es nur noch positive Veränderungen für mich.

Meine persönliche Entwicklung verläuft in positiven Bahnen. Nur Gutes kommt auf mich zu.
Ich bringe jetzt Gesundheit, Glück, Wohlstand und geistigen Frieden zum Ausdruck.

54. Ich akzeptiere meine Einzigartigkeit

So wie keine Schneeflocke und keine Rose der anderen gleicht, ist auch jedes menschliche Wesen ein einzigartiges Juwel, mit einmaligen Talenten und Fähigkeiten. Wir legen uns selbst Fesseln an, wenn wir versuchen, andere Menschen nachzuahmen. Freuen Sie sich an Ihrer Einmaligkeit.

Es braucht keinen Wettstreit, keine Konkurrenz
unter den Menschen zu geben, denn jeder von uns
ist anders, und so soll es auch sein. Ich bin auf
meine einzigartige Weise wunderbar.
Ich liebe mich.

55. Meine Beziehungen zu meinen Mitmenschen sind harmonisch

Ich nehme rings um mich herum nur Harmonie wahr. Bereitwillig trage ich selbst zu dieser Harmonie bei. Mein Leben ist eine einzige Freude.

Wenn wir Harmonie in unserem Denken und Fühlen
erzeugen, wird auch unser Leben harmonisch sein.
Immer erzeugt das Innere das Äußere.

56. Ich kann mich gefahrlos mit meinem Innenleben beschäftigen

Oft scheuen wir davor zurück, in unser Inneres zu blicken, aus Angst, dort könnte etwas Schreckliches verborgen sein. Doch, was immer »sie« uns auch beigebracht haben, in uns finden wir nur ein unschuldiges, schönes Kind, das sich nach Liebe sehnt.

Wenn ich den Schutt fremder, von mir kritiklos
übernommener Meinungen und Ideen weggeräumt habe,
entdecke ich tief in mir ein wunderbares Geschöpf –
weise und schön. Ich liebe, was ich in mir finde.

57. Die Liebe begegnet mir auf Schritt und Tritt

Was wir anderen geben, kehrt vielfach vermehrt zu uns
zurück. Wer geliebt werden möchte, sollte selbst Liebe
geben. Liebe kann sich als Toleranz, Hilfe, Trost, Mitgefühl, Sanftheit, Freundlichkeit äußern. Ich wünsche mir
ganz entschieden eine Welt, in der diese Eigenschaften
dominieren.

Liebe ist überall, und ich bin ein liebender und
liebenswerter Mensch. Es fällt mir leicht, anderen meine
Liebe zu zeigen, und in meinem Leben gibt es viele
liebevolle Menschen.

58. Andere zu lieben ist leicht, wenn ich mich selbst liebe und akzeptiere

Wir können andere Menschen nur wirklich lieben, wenn
wir uns selbst lieben. Sonst ist das, was wir Liebe nennen,
lediglich Ko-Abhängigkeit, Sucht oder Bedürftigkeit.
Wenn Sie sich selbst nicht lieben, wird die Liebe anderer
Sie nie zufriedenstellen. Ständig werden Sie dann solche
Fragen stellen wie: Liebst du mich denn auch wirklich?
Und auch Sie können einen anderen Menschen, der sich
selbst nicht liebt, nicht befriedigen. Ständig wird es dann
Eifersuchtsszenen geben und vorwurfsvolles Schweigen.
Lernen Sie also, sich selbst zu lieben, dann wird Ihr
Leben reich an Liebe sein.

Mein Herz ist offen. Ich lasse meine Liebe frei fließen.
Ich liebe mich. Ich liebe die Menschen,
und die Menschen lieben mich.

59. Ich bin schön, und alle mögen mich

Diese Affirmation benutze ich häufig, wenn ich zu Fuß durch die Straßen gehe. Auch wenn die anderen Passanten sie nicht hören, reagieren doch viele von ihnen mit einem Lächeln darauf. Probieren Sie die Affirmation aus. Sie kann Ihnen buchstäblich den Tag retten.

Ich strahle Toleranz aus, und andere Menschen mögen
mich sehr. Liebe umgibt und schützt mich.

60. Ich liebe und achte mich

Daraus, dass wir uns selbst akzeptieren und mögen, erwächst nur Gutes. Damit sind nicht Eitelkeit oder Stolz gemeint, denn dahinter verbirgt sich Furcht. Sich selbst zu lieben heißt, das Wunder der eigenen Menschlichkeit wertzuschätzen. Sie sind wertvoll. Lieben Sie Ihr Sosein!

Ich schätze alles, was ich tue. So wie ich bin,
bin ich gut genug. Ich bin selbstbewusst. Ich äußere
meine Wünsche. Ich beanspruche meine Macht.

61. Ich bin ein entscheidungsfreudiger Mensch

Scheuen Sie nicht vor notwendigen Entscheidungen zurück. Treffen Sie sie mit Autorität. Wenn eine Entscheidung sich später als falsch erweist, korrigieren Sie sie. Lernen Sie, jedes Mal kurz innere Einkehr zu halten und zu meditieren, wenn Sie nach einer Lösung suchen. In

Ihrem Inneren finden Sie die Antworten auf alle Fragen. Meditieren Sie regelmäßig, so wird der Kontakt zu Ihrer inneren Weisheit stabil und zuverlässig.

Ich vertraue auf meine innere Weisheit. So fällt es mir leicht, Entscheidungen zu treffen.

62. Auf Reisen bin ich immer wohlbehütet

Sicherheit entsteht in Ihrem Denken, und so nehmen Sie sie selbstverständlich überallhin mit – ganz gleich, welches Transportmittel Sie benutzen.

Auf allen Reisen bin ich immer sicher und geborgen.

63. Ständig lerne ich dazu

Je mehr wir vom Leben begreifen, desto mehr erkennen wir, was für ein ungeheures Wunder es eigentlich ist. Leute, die ein sehr eingegrenztes Leben führen, begreifen nur wenig. Sie sehen immer nur Schwarz und Weiß, Ja oder Nein, und ihr Handeln ist meist von Angst und Schuldgefühlen bestimmt. Seien Sie offen für neue Erkenntnisse, dann werden Sie das Leben aus einer größeren, mitfühlenderen Perspektive sehen.

Täglich bitte ich mein Höheres Selbst, mir neue Einsichten in die Natur des Lebens zu schenken und mich von Vorurteilen zu befreien.

64. Ich bin jetzt bereit für meinen perfekten Partner/ meine perfekte Partnerin

Schreiben Sie auf, welche Eigenschaften Ihr/Ihre Ideal-

partner/in haben sollte. Prüfen Sie dann, ob Sie selbst
diesen Anforderungen entsprechen. Es ist gut möglich,
dass Sie einige Ihrer Glaubenssätze ändern müssen, ehe
der richtige Mensch in Ihr Leben treten kann.

*Göttliche Liebe führt mich jetzt mit meinem idealen
Partner zusammen und verhilft mir zu einer gesunden,
dauerhaften Liebesbeziehung.*

65. Mir kann nichts geschehen, jetzt und in aller Zukunft

Stets zeigt sich an unseren Erfahrungen, woran wir glauben. Wenn wir unseren Geist zu einem Hort von Sicherheit und Schutz machen, wird sich das in unserer Umwelt
widerspiegeln. Positive Affirmationen erzeugen ein positives Leben.

*Was ich habe und was ich bin, ist immer sicher und
geborgen. Ich lebe in einer sicheren, behüteten Welt.*

66. Die Heilung unserer Welt ist jetzt in vollem Gange

Wir alle tragen ständig entweder zum weltweiten Chaos
oder zum Weltfrieden bei. Jeder unfreundliche, lieblose,
negative, furchtsame, vorwurfsvolle, verurteilende Gedanke trägt zu jener verhängnisvollen Atmosphäre bei,
die Erdbeben, Sturmfluten, Dürreperioden, Kriege und
andere Katastrophen hervorbringt. Auf der anderen Seite
erzeugen liebevolle, freundliche, friedvolle, ermutigende
Gedanken eine Atmosphäre von Gesundheit und Heilung für alle Menschen. Zu welcher Welt möchten Sie
beitragen?

Täglich visualisiere ich unsere Welt als friedlich
und heil. Ich stelle mir intensiv bildlich vor, dass es
für alle Menschen genügend Nahrung, Kleidung
und Unterkunft gibt.

67. Ich segne unsere Regierung mit Liebe

Unser Glaube an eine schlechte Regierung bringt genau
diese hervor. Sprechen Sie täglich ein paar positive Affirmationen für unsere Regierung.

Ich bekräftige, dass alle Mitglieder unserer Regierung
liebevoll, vertrauenswürdig und ehrenwert sind und sich
aufrichtig um das Wohl der Menschen bemühen.

68. Ich liebe meine Familie

Es gelang mir, Hunderte von entfremdeten Familien wieder zusammenzubringen, indem ich ihnen empfahl, über
drei oder vier Monate täglich mit der folgenden Affirmation zu arbeiten. Wenn die Mitglieder einer Familie sich
einander entfremdet haben, fließt oft sehr negative Energie zwischen ihnen. Diese Affirmation setzt dem ein Ende
und schafft Raum für freundliche, liebevolle Emotionen.

Ich habe eine liebevolle, harmonische, fröhliche
und gesunde Familie, und die Kommunikation
zwischen uns ist ausgezeichnet.

69. Meine Kinder stehen unter göttlichem Schutz

Wenn wir ängstlich um unsere Kinder besorgt sind, führt
das meist dazu, dass sie uns tatsächlich Sorgen bereiten.
Wir sollten für unsere Kinder eine geistige Atmosphäre

schaffen, in der sie sich frei und sicher fühlen. Sprechen Sie also häufig positive Affirmationen für Ihre Kinder, wenn Sie nicht bei Ihnen sind.

Göttliche Weisheit wohnt in jedem meiner Kinder,
und wohin sie auch gehen, immer sind sie beschützt,
heiter und wohlauf.

70. Ich liebe alle Geschöpfe Gottes – die kleinen und die großen

Jedes Geschöpf, jedes Insekt, jeder Vogel oder Fisch, hat seinen besonderen Platz im Leben. Und sie sind genauso wichtig wie wir.

Ich kommuniziere mühelos und liebevoll mit allen
lebenden Wesen. Sie verdienen es, von uns geliebt
und beschützt zu werden.

71. Schwangerschaft und Geburt sind wunderschöne Erfahrungen für mich

Reden und kommunizieren Sie in den neun Monaten vor der Geburt mit Ihrem Kind. Bereiten Sie sich auf das Geburtserlebnis vor, damit es eine schöne, angenehme Erfahrung für Sie beide wird. Erklären Sie dem Baby, was vor sich geht, damit Sie beide dabei gut zusammenarbeiten. Ungeborene Kinder lieben es, wenn ihre Mütter ihnen etwas vorsingen oder ihnen Musik vorspielen.

Das Wunder der Geburt ist ein normaler, natürlicher
Prozess. Leicht, mühelos und liebevoll gehe ich
durch diese Erfahrung hindurch.

72. Ich liebe mein Baby

Ich glaube, dass auf der Ebene der Seele Eltern und Kinder einander bewusst auswählen. Unsere Kinder kommen als Lehrer zu uns. Wir können viel von ihnen lernen. Aber am wichtigsten ist die Liebe, die wir miteinander teilen.

Mein Baby und ich haben eine schöne, liebevolle, harmonische Beziehung. Wir sind eine glückliche Familie.

73. Mein Körper ist beweglich

Die Beweglichkeit meines Körpers zeigt an, wie beweglich mein Denken ist. Das Einzige, was uns steif und starr werden lässt, ist Angst. Wenn wir uns wirklich klarmachen, dass wir göttlich beschützt und behütet sind, können wir uns entspannen und mühelos durchs Leben tanzen. Überhaupt sollten Sie öfter tanzen gehen. Es wird Ihnen bestimmt guttun.

Heilende Energie durchströmt jedes Organ, jedes Gelenk, jede Zelle meines Körpers. Ich bewege mich leicht und mühelos.

74. Ich bin wach

Halten Sie während des Tages immer wieder kurz inne, und sagen Sie sich: Ich bin wach! Atmen Sie dann tief durch, und nehmen Sie alles um Sie herum besonders intensiv wahr. Je wacher wir sind, desto intensiver ist unser Leben.

Ständig steigere ich meine Bewusstheit und nehme
mich selbst, meinen Körper und mein Leben immer
deutlicher wahr. Wachheit, Bewusstheit verleiht mir
Macht über mein Schicksal.

75. Ich liebe es, mich körperlich zu betätigen

Ich möchte möglichst lange leben, und ich möchte bis zu meinem letzten Tag herumlaufen, tanzen und beweglich sein. Körperliches Training kräftigt meine Knochen, und ich habe Freude an vielen verschiedenen Bewegungsarten. Körperliche Bewegung hält unser Leben in Schwung.

Körperliches Training hilft mir, jung und gesund zu
bleiben. Meine Muskeln freuen sich über Bewegung.
Ich bin ein lebendiger Mensch.

76. Es ist mein göttliches Recht, wohlhabend zu sein

Die meisten Leute werden wütend, wenn man ihnen sagt, dass sich in finanziellen Dingen die Wirksamkeit des positiven Denkens am leichtesten demonstrieren lässt. Aber es stimmt. Und doch stelle ich bei Seminaren immer wieder fest, dass es vielen sogar beim Thema Sexualität leichter fällt, sich von negativen Glaubenssätzen zu lösen als beim Thema Geld. Die Leute werden unglaublich ärgerlich, wenn man ihre Überzeugungen zum Thema Geld infrage stellt. Und diejenigen, die eigentlich besonders dringend mehr Geld gebrauchen könnten, klammern sich am hartnäckigsten an ihre diesbezüglichen negativen Vorstellungen. Wie lauten Ihre negativen Glaubenssätze zum Thema Geld, die Sie davon abhalten, wohlhabend zu sein?

Ich verdiene es, wohlhabend zu sein, und ich akzeptiere
dankbar, dass jetzt Fülle in mein Leben strömt.
Ich gebe und nehme gern und mit Liebe.

77. Ich habe einen direkten Draht zur göttlichen Weisheit

Auf jede Frage gibt es eine Antwort, für jedes Problem
eine Lösung. Zu keiner Stunde unseres Lebens sind wir
einsam und verlassen, denn in uns sprudelt eine Quelle
unbegrenzter Weisheit und Erkenntnis. Lernen Sie, dieser
inneren Führung zu vertrauen, dann kann Ihnen im Leben nichts geschehen.

Täglich halte ich innere Einkehr, um mich gedanklich
auf die Weisheit des Universums einzustimmen. Diese
Weisheit führt mich zuverlässig zu Glück und Freude.

78. Heute betrachte ich das Leben mit anderen Augen

Wenn ich Besuch von auswärts bekomme, regt mich das
dazu an, meine gewohnte, alltägliche Welt mit anderen
Augen zu sehen. Wir glauben, alles um uns herum so genau zu kennen, doch dadurch entgeht uns vieles. In meiner Morgen-Meditation bitte ich darum, heute mehr zu
sehen und mehr zu verstehen. Meine Welt ist unendlich
viel größer, als es bei oberflächlicher Betrachtung scheint.

Ich bin bereit, das Leben auf neue und andere Weise
zu sehen, Dinge wahrzunehmen, die bisher meiner
Aufmerksamkeit entgangen sind. Eine neue Welt tut
sich vor mir auf, wenn mein Blick offen und
unvoreingenommen ist.

79. Ich gehe mit der Zeit

In jedem von uns wohnt eine Intelligenz, die all die neuen, aufregenden elektronischen Wunderdinge begreift und mit ihnen umgehen kann. Und wenn wir Probleme damit haben, unseren Videorekorder oder Computer zu programmieren, brauchen wir nur unsere Kinder zu fragen. Alle Kinder von heute kommen mit der modernen Elektronik bestens zurecht. So wie uns gesagt wurde: »Und die kleinen Kinder werden sie anführen.«

Ich bin offen und aufnahmebereit für Neues.
Ich bin bereit, Videorekorder, Computer und andere
faszinierende elektronische Geräte zu verstehen
und intelligent zu nutzen.

80. Ich habe immer mein Idealgewicht

Junkfood und kalorienreiche Nahrungsmittel sind mitverantwortlich für unseren schlechten Gesundheitszustand und unser Übergewicht. Wenn wir uns Gesundheit als oberstes Ziel setzen und rotes Fleisch, Milchprodukte, Zucker und Fett von unserem Speiseplan streichen, strebt unser Körper ganz automatisch sein Idealgewicht an und hält es dann auch. Vergiftete Körper sind fett. Gesunde Körper haben immer ihr Idealgewicht. Wenn wir giftige Gedanken aus unserem Bewusstsein entfernen, reagiert unser Körper entsprechend: Wohlbefinden und gutes Aussehen stellen sich ein.

Mein Geist und mein Körper sind im Gleichgewicht.
Es fällt mir leicht, das für mich optimale Gewicht
zu erreichen und zu halten.

81. Ich bin in Topform

Es gab eine Zeit, da nahmen alle Menschen nur natürliche, gesunde Nahrung zu sich. Heute müssen wir uns den Weg durch einen Dschungel aus Junkfood und toter Fabriknahrung bahnen, um einfache, gesunde Lebensmittel zu finden. Ich habe festgestellt, dass ich umso gesünder bin, je einfacher ich esse. Geben Sie Ihrem Körper lebendige Nahrung, dann werden Sie lebendig und energiegeladen sein.

Ich sorge liebevoll für meinen Körper. Ich ernähre mich gesund. Ich nehme nur gesunde Getränke zu mir. Mein Körper dankt es mir, indem er immer in Topform ist.

82. Meine Tiere sind gesund und glücklich

Ich lehne es ab, meine sechs wundervollen Haustiere mit Dosenfutter zu ernähren. Ihre Körper sind genauso wichtig wie meiner. Wir alle sorgen gut für uns.

Die Verständigung mit meinen Haustieren funktioniert ausgezeichnet. Sie lassen mich wissen, was ich geistig und auf der physischen Ebene für ihr Wohlbefinden tun kann. Wir leben vergnügt zusammen.
Ich bin in Harmonie mit allem Lebendigen.

83. Ich habe einen grünen Daumen

Ich liebe die Erde, und die Erde liebt mich. Ich tue, was ich kann, damit sie eine reiche Ernte hervorbringt.

Jede Pflanze, um die ich mich liebevoll kümmere, gedeiht prächtig. Meine Zimmerpflanzen sind glücklich.

Die Blumen in meinem Garten sind wunderschön.
Ich ernte wohlschmeckendes Obst und Gemüse.
Ich lebe in Harmonie mit der Natur.

84. Heute ist ein Tag der Heilung

Ebenso wie das Denken dazu beiträgt, uns krank zu machen, kann es auch dazu beitragen, dass wir wieder gesund werden. Die Zellen unseres Körpers reagieren ständig auf die geistige Atmosphäre in uns. Genau wie jeder Mensch sind auch sie in einer glücklichen, liebevollen Umgebung am leistungsfähigsten. Sorgen Sie also dafür, dass Ihr Leben von Freude erfüllt ist, dann werden Sie glücklich und gesund sein.

Ich nehme jetzt Verbindung zu den heilenden Energien
des Universums auf, um mich selbst und alle in meiner
Umgebung zu heilen, die bereit dazu sind.

85. Ich bringe alten Menschen Liebe und Achtung entgegen

So, wie wir heute alte Menschen behandeln, wird man uns behandeln, wenn wir selbst alt sind. Ich bin überzeugt davon, dass unsere späten Jahre unsere schönsten Jahre sein können. Wir alle können Exzellente Alte sein, ein lebensfrohes, aktives Alter erleben und uns zum Wohl der Gesellschaft engagieren.

Ich bringe den alten Menschen in meinem Leben
sehr viel Liebe und Achtung entgegen, denn ich weiß,
sie sind eine wunderbare Quelle des Wissens,
der Erfahrung und Wahrheit.

86. Mein Auto ist ein sicherer Ort

Wenn mir unterwegs aggressive Autofahrer begegnen, sende ich ihnen meine Liebe. Sie wissen nicht, was sie sich mit ihrer Wut antun. Wut erzeugt aggressionsgeladene Situationen. Schon vor langer Zeit habe ich damit aufgehört, mich über schlechte Autofahrer zu ärgern. Ich werde mir nicht den Tag davon verderben lassen, dass sie keine Ahnung vom Autofahren haben. Ich segne mein Auto liebevoll und lasse auf allen meinen Wegen Liebe vorauseilen. Deswegen habe ich auch nur selten wütende Autofahrer um mich. Sie sind alle unterwegs, um anderen wütenden Fahrern Anlass zum Ärgern zu geben. Ich teile die Straße liebevoll mit den anderen Verkehrsteilnehmern und treffe fast immer pünktlich am Ziel ein, ganz gleich, wie stark der Verkehr ist. Wir nehmen unser Bewusstsein überallhin mit; wohin Sie gehen, geht auch Ihr Denken. Und so wie Sie denken, werden auch Ihre Erfahrungen sein.

Beim Autofahren bin ich immer entspannt,
sicher und geborgen. Liebevoll segne ich die anderen
Autofahrer, die mit mir unterwegs sind.

87. Musik bereichert mein Leben

Wir alle tanzen zu einer anderen Trommel, und uns gefallen unterschiedliche Arten von Musik. Was den einen in gute Stimmung versetzt, kann für den anderen unerträglicher Lärm sein. Eine Freundin von mir spielt ihren Bäumen Meditationsmusik vor und geht ihren Nachbarn damit entsetzlich auf die Nerven.

Ich höre gern harmonische, erbauliche Musik,
die wohltuend für Geist und Körper ist.
Kreative Einflüsse umgeben und inspirieren mich.

88. Ich weiß, wie ich innerlich zur Ruhe kommen kann

Zeiten des Alleinseins und der inneren Einkehr ermöglichen es uns, unseren Geist zu erneuern. Und in diesen Zeiten bekommen wir die innere Führung, die wir brauchen.

Ich verdiene es, mich auszuruhen und zu entspannen,
wenn mir danach zumute ist. Ich nehme mir die Zeit
dafür und genieße diese Momente der Stille.

89. Meine äußere Erscheinung spiegelt meine Selbstliebe wider

Unsere Kleidung, unser Auto und unser Zuhause verraten, wie wir über uns selbst denken. Ein zerstreuter Geist wird um sich herum eine große Unordnung verbreiten. Wenn wir für Frieden und Harmonie in unserem Denken sorgen, werden auch unser Äußeres und unsere häusliche Umgebung automatisch harmonisch und angenehm.

Ich achte auf ein gepflegtes Aussehen und trage
Kleidung, in der sich meine Liebe zum Leben
ausdrückt. Ich bin innen und außen schön.

90. Ich habe alle Zeit der Welt

Meine Zeit dehnt sich aus, wenn ich mehr davon brauche, und zieht sich zusammen, wenn ich weniger brauche.

Die Zeit ist meine Dienerin, und ich nutze sie weise. Hier und jetzt, in diesem Augenblick, ist alles gut.

Ich habe genug Zeit für alles, was ich heute erledigen muss. Ich verfüge über persönliche Kraft und Macht, denn ich lebe bewusst ganz in der Gegenwart.

91. Ich gönne mir regelmäßige Ruhepausen

Wir sind am leistungsfähigsten, wenn wir uns bei der Arbeit immer wieder kurze Pausen gönnen. Eine fünfminütige Erholungspause alle zwei Stunden steigert unsere Konzentration. Des Weiteren profitieren auch Geist und Körper davon, wenn Sie ab und zu einmal richtig Urlaub machen. Workaholics, die sich nie Ruhe und Entspannung gönnen, sind für ihre Umgebung doch meist ziemlich anstrengend. Sie sind keine sehr angenehme Gesellschaft. Das Kind in uns braucht regelmäßig Spiel und Spaß. Ist unser inneres Kind glücklich, sind wir es auch.

Ich gönne mir regelmäßig einen schönen Urlaub, damit mein Geist und mein Körper sich erholen können. Ich bleibe dabei im Rahmen meiner finanziellen Möglichkeiten und habe jedes Mal eine wunderbare Zeit. Ich kehre entspannt und erfrischt wieder an meinen Arbeitsplatz zurück.

92. Kinder mögen mich

Wir brauchen den Kontakt zu allen Generationen. In Seniorenheimen und anderen Wohnzentren für alte Menschen fehlt das Lachen der Kinder. Der Kontakt mit

Kindern hält unsere Herzen jung. Das kleine Kind in uns liebt es, mit Kindern zu spielen.

Kinder mögen mich und suchen meine Nähe.
Ich lasse mich gern von ihnen inspirieren.

93. Meine Träume sind eine Quelle der Weisheit

Ich gehe immer mit liebevollen Gedanken zu Bett. Sie sind eine gute Basis für die innere Arbeit, die in meinen Träumen geschieht. Liebevolle Gedanken produzieren liebevolle Antworten.

Ich weiß, dass ich im Schlaf Antworten auf viele
Fragen erhalten kann, die mich bewegen.
Wenn ich morgens aufwache, erinnere ich mich
genau an meine Träume.

94. Ich suche die Gesellschaft positiver Menschen

Wenn wir es zulassen, dass ständig negative Menschen um uns sind, fällt es uns selbst viel schwerer, eine positive Einstellung beizubehalten. Lassen Sie sich nicht vom negativen Denken anderer herunterziehen. Wählen Sie Ihre Freunde mit Bedacht.

Meine Freunde und Verwandten strahlen Liebe
und positive Energie aus, und ich erwidere diese
Gefühle. Ich weiß, dass ich mich besser von
Menschen fernhalte, deren Gesellschaft einen
negativen Einfluss auf mich hat.

95. Ich regele meine Finanzen mit Liebe

Jede Rechnung, die Sie bezahlen, ist ein Beweis, dass jemand Ihrer Fähigkeit vertraute, das nötige Geld zu verdienen. Geben Sie also eine kräftige Dosis Liebe in sämtliche finanziellen Transaktionen. Das gilt auch für das Bezahlen Ihrer Steuern. Betrachten Sie Steuern als die Miete, die Sie Ihrem Land schulden.

Dankbar und liebevoll schreibe ich Schecks aus und bezahle meine Rechnungen. Ich habe immer genug Geld auf der Bank, um mir ein schönes, angenehmes Leben zu leisten.

96. Ich liebe mein inneres Kind

Der tägliche Kontakt mit Ihrem inneren Kind, dem kleinen Wesen, das Sie einmal waren, ist wichtig für Ihr Wohlbefinden. Mindestens einmal in der Woche sollten Sie Ihr inneres Kind bei der Hand nehmen und etwas Zeit mit ihm verbringen. Tun Sie gemeinsam Dinge, die Ihnen Freude machten, als Sie klein waren.

Das Kind in mir weiß, wie man spielt, liebt und staunt. Wenn ich mich diesem Teil von mir liebevoll zuwende, öffnet sich mein Herz, und mein Leben wird reicher.

97. Ich bitte um Hilfe, wenn ich sie benötige

Bitten Sie, dann wird Ihnen gegeben. Das Universum wartet freundlich lächelnd darauf, dass ich es um Hilfe bitte.

Es fällt mir leicht, um Hilfe zu bitten, wenn ich sie brauche. Inmitten der größten Veränderungen fühle ich

*mich stets sicher, denn ich weiß, der Wandel ist ein
natürliches Lebensgesetz. Ich bin offen dafür, die Liebe
und Unterstützung anderer Menschen anzunehmen.*

98. Feiertage sind eine Zeit der Liebe und Freude

Feier- und Festtage sind eine wunderbare Gelegenheit,
untereinander Liebe auszutauschen.

*Festtage mit Freunden und meiner Familie zu feiern
ist eine Freude für mich. Wir haben immer viel
Spaß zusammen und sind dankbar für die
vielen Segnungen des Lebens.*

99. Ich bin geduldig und freundlich zu allen, die mir heute begegnen

Versuchen Sie, sich bei allen Menschen, die Sie heute
treffen, auf irgendeine Weise zu bedanken. Sie werden
überrascht sein, wie viel diesen Menschen eine solche
Geste bedeutet. Sie werden dabei mehr zurückerhalten,
als Sie geben.

*Ich sende dem Ladenpersonal, den Kellnern, Polizisten
und allen anderen, die mir heute begegnen,
freundliche Gedanken. Alles ist gut in meiner Welt.*

100. Ich bin ein mitfühlender Freund

Wenn ein Freund mit einem Problem zu Ihnen kommt,
bedeutet das nicht unbedingt, dass Sie es für ihn lösen
sollen. Wahrscheinlich möchte er nur jemandem sein
Herz ausschütten. Ein Mensch, der gut zuhören kann, ist
ein wertvoller Freund.

Ich habe ein gutes Gespür für die Gedanken und
Emotionen meiner Mitmenschen. Wenn meine Freunde
mich darum bitten, gebe ich ihnen gern Rat und
Unterstützung, aber wenn es angemessen ist,
höre ich auch einfach nur mitfühlend zu.

101. Mein Planet ist wichtig für mich

Wir alle können der Erde unsere Liebe schenken. Unsere schöne Erde versorgt uns mit allem, was wir zum Leben brauchen. Wir sollten sie jederzeit mit Achtung behandeln. Indem wir täglich ein kleines Gebet für die Erde sprechen, zeigen wir ihr unsere Liebe. Die Gesundheit dieses Planeten ist sehr wichtig. Wenn wir nicht gut auf ihn achtgeben, wo sollen wir dann leben?

Liebevoll segne ich diesen Planeten. Ich bin gütig zu
allen seinen Geschöpfen. Ich halte die Luft sauber.
Ich ernähre mich natürlich und verwende nur biologisch
erzeugte Produkte. Dass ich hier auf der Erde leben darf,
erfüllt mich mit tiefer Dankbarkeit. Ich leiste meinen
Beitrag zu Harmonie und Heilung. Ich weiß,
Frieden beginnt bei mir selbst. Ich liebe mein Leben.
Ich liebe meine Welt.

Danke, dass ich einige meiner Gedanken mit Ihnen teilen durfte!

Nachwort:
Die Schönheit der Weisheit

von Cheryl Richardson

Heute ist ein warmer Novembertag in Tampa, und Louise hat gerade vor den über dreitausend Teilnehmern der »I Can Do It«-Konferenz die Begrüßungsrede gehalten. Ich stehe seitlich vom Podium und sehe zu, wie das Publikum in der ausverkauften Halle in herzlichen Applaus ausbricht, als Louise erklärt, sie befinde sich nun in ihrem neunten Lebensjahrzehnt, und das sei bislang das beste Jahrzehnt ihres Lebens. Das ist ein wirklich inspirierender Moment.

Vor dem Hotel fällt mir auf, wie kraftvoll und entschlossen Louise auf den Eingang zugeht. Sie trägt ein geblümtes Crinkle-Shirt und eng anliegende Leggings. Sie strahlt die Energie der Jugend und die Schönheit gealterter Weisheit aus.

Im Hotel gehen wir auf Louises Zimmer. Sofort öffnet sie die Balkontüren, und ich fühle eine angenehme Brise auf der Haut, während ich mir einen Sitzplatz suche. Ich setze mich in einen der Ohrensessel und schlage die Beine übereinander. Auf dem Couchtisch in der Mitte des Zimmers steht ein bemerkenswertes Blumenarrangement – Lilien, Tulpen, Sonnenblumen und himbeerfarbene Rosen.

»Die Blumen wurden mir von jemandem geschenkt, der in der vorigen Woche meine Hilfe benötigte«, erzählt Louise. »Sie machen mich richtig glücklich.«

Sie geht zur Küchenzeile und kocht uns Tee. Während sie die Teebeutel aus den Papierhüllen nimmt, erzählt sie begeistert, dass sie eine schwarze Samthülle für ihren iPad entdeckt hat – der iPad ist ihre neueste technische Errungenschaft und bereitet ihr sichtlich Freude. Mir wird klar, dass Louise selbst im Alter von fünfundachtzig Jahren immer noch offen für Lernerfahrungen ist. Ich bewundere ihre Neugierde und ihren Wissensdurst.

Ich bereite meine Arbeitsgeräte vor und habe den Eindruck, mit meinen einundfünfzig Jahren von dieser Fünfundachtzigjährigen noch viel darüber lernen zu können, wie man sich wohl in seiner Haut fühlt. Ich frage, wie sie es anstellt, in ihrem Alter noch so gut auszusehen und sich so gut zu fühlen – was ist ihr Geheimnis?

»Nun, für mich ist das Wesentliche, sich selbst zu lieben, den eigenen Körper zu lieben und Frieden mit dem Alterungsprozess zu schließen«, antwortet sie. »Man kann nichts wirklich gut machen oder langfristig erfolgreich sein, wenn man sich selbst nicht liebt. Lieben Sie sich selbst, dann sorgen Sie gut für Ihren Körper und achten sorgfältig darauf, was Sie ihm einverleiben. Sie wählen auch Ihre Gedanken mit Bedacht.«

Wenn wir also gewissenhaft die Prinzipien anwenden, über die wir in diesem Buch sprechen, wird das Alter für uns zu einer wesentlich angenehmeren Erfahrung werden?

»Ja. Das Leben ist für mich viel einfacher geworden, weil ich gelernt habe, wie ich meine Erlebnisse gut vorbereiten kann. Meine positiven Affirmationen bereiten mir den Weg, sodass alles viel reibungsloser verläuft. Ich überlege bewusst, was ich gerne in der Zukunft erleben möchte. Heute hatte ich zum Beispiel drei Einkäufe zu erledigen, also habe ich vorher affirmiert: Dies ist ein herrlicher Tag, und jede meiner Erfahrungen heute ist ein wunderbares, freudiges Abenteuer.

In jedem der drei Geschäfte, die ich aufsuchen musste, traf ich auf liebenswürdiges, hilfsbereites Personal, das sich sehr freundlich mit mir unterhielt. Eine Verkäuferin und ich mussten sogar gemeinsam herzhaft über eine lustige Bemerkung lachen. Jede dieser drei Einkaufserfahrungen war tatsächlich ein schönes, freudiges Abenteuer. Zur Weisheit des Alters gehört es, selbst in den einfachsten Alltagssituationen Freude zu finden. Das volle Potenzial unseres Lebens entdecken wir nur, wenn wir die kleinen Dinge des Lebens zu etwas Wundervollem, Gutem und Wichtigem machen.«

Wenn wir älter werden, Familienmitglieder oder Freunde verlieren, wird uns bewusster, wie wertvoll unsere Verbundenheit mit unseren Mitmenschen ist, selbst bei kleinen, alltäglichen Begegnungen, wie Louise sie hier schildert.

»Alter und Verluste können uns verbittern. Wir können uns dafür entscheiden, angesichts des Todes nahestehender Menschen Verbitterung zu empfinden, oder wir können uns dafür entscheiden, uns für neue Freundschaften zu öffnen und die Leere mit neuen Erfahrungen zu füllen.«

Je näher ich Louise kennenlerne, desto mehr wird mir bewusst, wie wichtig und segensreich es ist, sich schon früh im Leben gute Denkgewohnheiten anzueignen. Spricht sie über ihre Lebenseinstellung, wird offensichtlich, dass sie viel Zeit und Energie in die richtige Entwicklung und Steuerung ihres Bewusstseins investiert hat. Diese Investition hat bei ihr zu einer sehr positiven Sicht des Alterns geführt. Jahr für Jahr zahlt es sich für sie aus, dass sie zielbewusst und mit positivem Fokus lebt. Mitzuerleben, wie sie auf das Leben reagiert, spornt mich dazu an, ebenfalls diese positiven Gewohnheiten zu verinnerlichen.

»Verstehen Sie mich nicht falsch«, gibt Louise zu. »Ich muss mich den gleichen Herausforderungen stellen wie jeder Mensch, der alt wird – Falten, Gewichtszunahme, Steifigkeit und die Erkenntnis, dass junge Männer mich nicht länger sehnsüchtig anschauen. Aber es bringt nichts, über Dinge zu klagen, die nicht zu ändern sind. Wir alle altern. Ich habe aber die Entscheidung getroffen, gut für mich selbst zu sorgen und mich zu lieben, was auch geschieht. Ich esse gut. Ich verzehre Lebensmittel, die gut für meinen Körper sind, Essen, das mich stärkt. Ich esse möglichst nichts, was meinen Körper belastet oder mir keine Energie liefert. Einmal im Monat gönne ich mir außerdem eine Akupunkturbehandlung oder eine Craniosacral-Sitzung, um etwas für mein gesundheitliches Gleichgewicht zu tun. Und ich tue mein Bestes, um Gedanken zu wählen, bei denen ich mich möglichst gut fühle. Das ist die große Lektion, die ich immer wieder betone: Unser Denken bewirkt entweder, dass wir uns gut fühlen oder dass wir uns schlecht fühlen. Es sind gar nicht so sehr die Ereignisse an sich, sondern unsere Gedanken.«

»Es sind also nicht die Falten, sondern das, was wir über die Falten denken?«

»Genau. Die Falten sind einfach nur da. Und alle Menschen bekommen Falten. Da wird keiner ausgespart. Es ist dumm, sich wegen etwas so Unvermeidlichem unglücklich zu machen. Viel besser ist es, jede Phase unseres Lebens so weit wie möglich zu genießen.«

»Wo wir gerade bei den Falten sind«, sage ich, »sprechen wir doch einmal über den Körper. Sie sagen, Ihr Erfolgsgeheimnis dafür, mit fünfundachtzig noch so vital zu sein, besteht darin, dass Sie sich selbst und Ihren Körper lieben. Aber was ist, wenn Sie eine Frau sind, die zwanzig Kilo Übergewicht hat und hasst, was sie im Spiegel sieht? Wie können Sie sich selbst anschauen und sagen: ›Ich liebe dich‹, wenn Ihnen nicht gefällt, was Sie sehen?«

»Nun, genau darum geht es«, erwidert Louise. »Wie ich schon sagte, glaube ich nicht mehr daran, dass man sich ein einzelnes Thema herausgreifen und speziell daran arbeiten sollte. Anfangs arbeitete ich mit Einzelproblemen, zum Beispiel mit Übergewicht. Dann entdeckte ich eines Tages, dass es genügte, meine Klienten dazu zu bringen, sich selbst zu lieben. Dann mussten wir gar nicht mehr an Problemen arbeiten. Selbstliebe ist bei allen Problemen das Kernthema. Und diese Erkenntnis fällt vielen Menschen schwer – es erscheint ihnen zu einfach.

Diese Frau, die Sie erwähnen, glaubt vielleicht, ihr Körpergewicht wäre das Problem. Aber das ist es nicht. Es ist ihr Selbsthass. Wenn wir dorthin vordringen und sie dazu motivieren, regelmäßig mit Affirmationen zu

arbeiten, die ihr helfen, eine gute Beziehung zum eigenen Körper aufzubauen, wird sie beginnen, sich selbst zu
lieben.«

Nach einer kurzen Pause fährt Louise fort. »Ja, es
stimmt, dass man manchmal seine Ernährung umstellen
muss, um gesünder zu werden. Inzwischen wissen die
meisten von uns, dass Zucker süchtig macht und einfach
nicht gut für den Körper ist. Weizen und Milchprodukte
bereiten ebenfalls vielen Menschen Probleme. Wir sollten Lebensmittel essen, die Körper *und* Geist nähren und
stärken. Affirmationen sind eine wunderbare Sache, aber
solange Sie Ihren Körper mit Koffein, Zucker, Junkfood
und dergleichen belasten, wird es Ihnen schwerfallen,
sich zu konzentrieren – nicht nur auf positive Affirmationen, sondern überhaupt. Und wenn Sie mit Junkfood
aufgewachsen sind, werden Sie möglicherweise eine Ernährungsberatung benötigen, um zu erfahren, was gesunde Ernährung ist. Ich wusste nichts darüber, bis meine
Krebsdiagnose mich veranlasste, die wahren Bedürfnisse
meines Körpers zu ergründen. Auch heute noch halte ich
mich ständig über die neuesten Erkenntnisse zum Thema
Gesundheit und Heilung auf dem Laufenden.«

Ich bin mir völlig bewusst, wie wichtig ein fürsorgli-
cher Umgang mit dem eigenen Körper für ein gesundes
Altwerden ist. Wie so viele von uns habe ich zu diesem
Thema etliche Bücher, Webseiten und Studien gelesen,
um so viel wie möglich über Ernährung, Sport oder Nahrungsergänzungsmittel herauszufinden. Auf dem Gebiet
gibt es ja eine wahre Informationsflut, sodass man leicht
den Überblick verliert. Unsere Gesellschaft gibt auf der
Suche nach der Zauberformel für eine optimale Fitness

Milliarden Dollar für Bücher und Produkte gegen Altersbeschwerden, für Gesundheitsklubs und Diätseminare
aus ... doch gleichzeitig sind immer mehr Menschen
übergewichtig, und insgesamt verschlechtert sich der Gesundheitszustand der Bevölkerung.

Während der vergangenen Monate hatte ich mich auf
genau das konzentriert, von dem Louise sprach: zuerst
mich selbst und meinen Körper zu lieben und mich dann
von dieser Liebe leiten zu lassen, was meine emotionale
und körperliche Gesundheit anging. Und ich lerne gerade, dass dies tatsächlich funktioniert. Seit ich eine starke
Verbindung zu meinem Körper aufgebaut habe, fühle ich
mich ganz natürlich zu den richtigen Nahrungsmitteln,
sportlichen Aktivitäten und therapeutischen Angeboten
hingezogen. Ja, ich weiß jetzt, dass alles mit der Liebe beginnt.

»Den eigenen Körper gut zu ernähren ist ein sehr wichtiger Akt der Selbstliebe«, fährt Louise fort, »besonders
wenn wir älter werden. Eine gesunde Ernährung hilft uns
bei den natürlichen Veränderungen, die mit dem Altern
einhergehen. Wenn Sie zum Beispiel in die Wechseljahre
kommen und sich nicht richtig ernähren, werden Ihre
körperlichen Beschwerden viel stärker sein. Es macht einen großen Unterschied, gute Eiweißquellen und viel
Gemüse zu essen (möglichst aus biologischer Landwirt-
schaft), kombiniert mit Affirmationen wie dieser:

Dies ist eine angenehme und leichte Lebensphase
für mich. Ich bin angenehm überrascht, wie mühelos
sich mein Körper an die Wechseljahre anpasst.

Oder: Ich schlafe nachts gut.«

»Und welche Affirmationen empfehlen Sie jenen Frauen und Männern, denen nicht gefällt, was sie im Spiegel sehen? Wie können sie trotzdem Liebe zum eigenen Körper entwickeln?«

»Nun, sie können damit beginnen, sich selbst Botschaften wie die folgenden zu übermitteln:

Mein Körper ist ein wunderbarer Freund;
wir erleben zusammen eine wunderbare Zeit.

Ich achte auf die Botschaften meines Körpers
und handele dementsprechend.

Ich nehme mir die Zeit zu lernen, wie mein Körper
funktioniert und welche Nahrung er benötigt,
um optimal gesund zu sein.

Je mehr ich meinen Körper liebe,
desto gesünder fühle ich mich.

Diese Affirmationen sind ein guter Einstieg. Und wenn Sie eine wirklich gute Beziehung zu Ihrem Körper aufbauen möchten, sollten Sie sich angewöhnen, täglich in den Spiegel zu schauen und dabei mit Ihrem Körper zu sprechen wie mit einem guten Freund. Sagen Sie zu ihm Dinge wie:

Hallo, Körper, danke dafür, dass du so gesund bist.

Du siehst heute wieder toll aus.

Es ist mir eine Freude, dich durch meine Liebe
aufblühen zu lassen.

Du hast wunderschöne Augen.

Ich liebe deine schöne Figur.

Ich liebe jeden Zentimeter an dir.

Ich liebe dich von ganzem Herzen.«

Wenn wir auf so liebevolle Weise mit unserem Körper sprechen, hilft uns das, unseren uns selbst gnadenlos beurteilenden inneren Kritiker zum Schweigen zu bringen. Das weiß ich aus eigener Erfahrung.

Im Lauf der Jahre habe ich in Louises Büchern immer wieder gelesen, wie wir mit Affirmationen liebevoll auf unseren Körper einwirken können, als ich sie jedoch zum ersten Mal darüber *sprechen* hörte, berührte mich die Warmherzigkeit ihrer Stimme zutiefst. Sie wiederholte die Worte nicht einfach nur, sondern machte durch Klang und Betonung deutlich, dass wir zu uns selbst wie ein gütiger, liebevoller Freund sprechen sollen.

Als ich diese Praxis selbst anwandte, veränderte sich mein Verhältnis zu meinem Körper dramatisch. Ich fühlte, wie der Geist der Worte mein Herz erfüllte. Während ich täglich in den Spiegel schaute und dabei sanft mit mir selbst sprach, wurden die rauen Kanten der Selbstkritik allmählich abgeschliffen. Ich erlebte tatsächlich, dass mein Körper nach und nach von einem Gegner, mit dem ich ständig in Konflikt lag, zu einem guten Freund wurde. Der Trick bestand dabei darin, die Affirmationen wirklich konsequent täglich anzuwenden.

»Oh ja«, bestätigt Louise. »Auf das regelmäßige Üben kommt es an. Wählen Sie Affirmationen, mit denen Sie

sich wohlfühlen. Machen Sie sich klar, dass Ihre Affirmationen neue Zustände und Situationen für Sie erschaffen
werden. Diese neuen Denkgewohnheiten werden Ihr
Leben verändern. Wenn wir es uns angewöhnen können,
uns selbst ständig zu kritisieren und niederzumachen,
können wir uns genauso angewöhnen, uns selbst wieder
aufzubauen und zu stärken!«

Es läuft also immer wieder auf das hinaus, was wir in
diesem Buch stets betonen: Die wirkungsvollsten Schritte
sind die kleinen, einfachen, die bei unserem alltäglichen
Denken anfangen. Und wir müssen die neuen Denkgewohnheiten beharrlich einüben.

»Ja. Und wenn Sie das tun, müssen Sie nach den kleinen Dingen Ausschau halten, die Ihnen beweisen, dass
es funktioniert, dass Ihr Bewusstsein sich tatsächlich verändert. Konzentrieren Sie sich dann auf diese kleinen Erfolge und bauen Sie darauf auf. Das wird Ihnen die nötige
Inspiration schenken, um durchzuhalten und weiterzu-
machen.

Auch Sie haben das so gemacht, Cheryl. Sie haben etwas getan, was Sie anfangs völlig albern fanden – Spiegelarbeit zum Beispiel. Sie übten es beharrlich, und dann
stellten sich Resultate ein. In Ihrem neuesten Buch haben
Sie darüber geschrieben. Seit wir zusammenarbeiten,
habe ich das bei Ihnen immer wieder beobachtet. Pilates
ist ein gutes Beispiel.«

Louise hat recht. Während einer unserer früheren
Begegnungen hatte sie mich eingeladen, an einer ihrer
privaten Pilates-Stunden teilzunehmen. Da ich schon
lange neugierig auf diese Art des Körpertrainings war,
nahm ich die Einladung gern an. Seit über acht Jahren

hatte ich regelmäßig Gewichte gestemmt, was mir allmählich langweilig wurde, sodass ich es gerne durch ein
anderes Training ergänzen wollte. Die Übungsstunde mit
Louise machte mir solche Freude, dass ich mir nach meiner Rückkehr sofort eine Trainerin suchte und ebenfalls
wöchentliche Stunden nahm. Nach kurzer Zeit spürte ich
deutliche Fortschritte: Ich entdeckte Muskeln, von denen
ich gar nicht gewusst hatte, dass sie existierten, und da
war eine neue Kraft, die bewirkte, dass ich gerader und
aufrechter stand und mich lebendiger fühlte. Diese äußeren Anzeichen bewiesen mir, dass das, was ich da tat,
wirklich etwas bewirkte. Aber es war der deutlich spür-
bare innere Erfolg, der mich dabeibleiben ließ. In jeder
Trainingsstunde wiederholte ich im Stillen positive Affirmationen, während die Trainerin mich vor dem Spiegel
meine Körperhaltung kontrollieren ließ:

*Ich liebe dich, mein Körper, weil du mich
aufrechterhältst. Du bist so ein wunderschöner
Körper. Danke, dass du heute so beweglich und
kooperativ bist. Ich liebe es, deine Kraft und
Anmut zu sehen.*

So kräftigte und harmonisierte ich nicht nur meine äußere Muskulatur, ich baute auch wichtige innere Muskeln
auf. Meine tägliche Spiegelarbeit und die Konzentration
auf Selbstliebe hatten mich zu etwas hingeführt, was sich
für meinen Körper wunderbar richtig anfühlte.

»Ist es nicht interessant, wie Pilates in Ihr Leben gekom-
men ist?«, fragt Louise. »Es geschah leicht und mühelos.
Sie haben Ihre Aufmerksamkeit darauf fokussiert, Ihren
Körper auf neue Weise zu lieben, und da lief Ihnen das

Pilates-Training wie von selbst über den Weg, und Sie beschlossen, es einmal auszuprobieren.«

Lächelnd sage ich zu ihr: »Da war ich dann wohl in jenem Bewusstseinszustand, über den Sie immer wieder sprechen. In diesem geistigen Zustand ziehen wir genau zum richtigen Zeitpunkt das in unser Leben, was wir gerade am meisten benötigen. Heute übe ich dreimal in der Woche Pilates und genieße jede Minute davon!«

»Wichtig dabei ist, dass Sie offen dafür waren, etwas ganz Neues auszuprobieren«, sagt Louise. »Ich wollte, dass Sie die Erfahrung machen, auch auf die Gefahr hin, dass es Ihnen überhaupt nicht gefallen hätte – und wenn Sie hinterher gesagt hätten, dass es nicht das Richtige für Sie ist, wäre das vollkommen in Ordnung gewesen. Wir sollten bereit sein, Neues zu versuchen, um herauszufinden, was für unseren Körper gut funktioniert. Man beginnt mit dem ersten Schritt, und wenn sich der gut anfühlt, macht man weiter. So kann man Schritt für Schritt Riesenfortschritte machen.« Sie klopft mit dem Finger auf die Tischplatte. »Wenn Sie sich mehr auf die kleinen Einzelschritte als auf das Endresultat konzentrieren und sehen, dass diese einzelnen Schritte gelingen und angenehm sind, fühlen Sie sich gut. Dann werden Sie auch weiterhin genau das in Ihr Leben ziehen, was Sie jeweils benötigen, um Sie in die gewünschte Richtung voranzubringen.

Schauen Sie sich an, Cheryl.

Ich schlage Ihnen Pilates vor, Sie probieren es aus und stellen fest, dass es Ihnen Freude macht. Jetzt praktizieren Sie es dreimal pro Woche. Oder Sie senden Michael Liebe, wenn Sie beim Autofahren in Streit geraten, und fühlen auch selbst diese Liebe. Wir probieren etwas aus, sehen die Resultate, erkennen, dass sich unsere Sicht der Dinge positiv verändert hat, und das ermutigt uns, in diese Richtung weiterzugehen. Es spielt nicht wirklich eine Rolle, von wo aus Sie beginnen, Hauptsache ist, dass Sie überhaupt bereit sind, sich auf Neues einzulassen. Viele Leute werden sagen: ›Das ist doch völliger Quatsch.‹ Und wenn sie etwas für Quatsch halten, werden sie es natürlich nicht ausprobieren.«

Ich weiß nur zu gut, wie sinnvoll Louises Rat ist, Schritt für Schritt auszuprobieren, was für uns gut funktioniert, und so allmählich neue, auf Selbstliebe basierende Gewohnheiten zu entwickeln. Ich war früher viel zu sehr auf die Endresultate fokussiert, was dazu führte, dass ich ständig frustriert und unzufrieden war und mich nicht wirklich darauf einlassen konnte, die Reise zu genießen. Vor Jahren machte ich in einem Gespräch mit einer Freundin – einer anderen weisen Frau von über achtzig Jahren – meinem Ärger darüber Luft, wie langwierig und mühselig es war, mir eine Existenz als Vortragsrednerin aufzubauen. Ich war noch kein Jahr im Geschäft und enttäuscht darüber, dass es mir noch nicht gelungen war, für einen bezahlten Vortrag engagiert zu werden.

»Ihr jungen Leute heutzutage«, sagte sie kopfschüttelnd, »wollt über Nacht erfolgreich sein. Wo ist nur die Freude geblieben, zunächst einmal sein Handwerk zu erlernen und zu meistern? Als ich jung war, brauchten die Leute Jahre, um den Erfolg zu erreichen, den du dir von einem Tag zum anderen wünschst, und dieser lange Weg dorthin schenkte ihnen Freude und erfüllte sie mit Befriedigung. Nimm dir Zeit, meine Freundin. Dein Weg wird viel interessanter werden, wenn du dir mehr Zeit lässt.«

Ich tat mein Bestes, mich zu entspannen und diesen Rat anzunehmen. Doch einige Jahre später lief ich wieder wie eine Tigerin in meiner Küche auf und ab und beklagte mich bei meinem Mann darüber, wie lange es dauerte, eine gut gehende Coaching-Praxis aufzubauen – dabei hatte ich diese neue Tätigkeit erst vor eineinhalb Jahren begonnen. Daher fiel Louises Rat bei mir auf fruchtbaren Boden, denn ich wusste aus Erfahrung, wie wichtig Geduld ist. Unsere Kultur trainiert uns regelrecht darauf, schnelle Resultate zu erwarten – in einer Woche fünf Kilo abnehmen oder mit dem richtigen Nahrungsergänzungsmittel über Nacht einen flachen Bauch bekommen. Wir wollen den großen Erfolg, die große Veränderung, und zwar sofort!

»Ja«, stimmt Louise mir zu. »Groß und schnell … und mit viel Leiden. Dabei ist es doch viel schöner, wenn das, was wir tun, uns Freude macht. Sie machen jetzt seit einiger Zeit Pilates – natürlich ist das disziplinierte Üben wichtig, aber genauso wichtig ist die Freude, die Sie dabei empfinden. Und Ihr Körper spricht darauf an und verändert sich auf sehr positive Weise. Das ist wunderbar. Wir sollten damit aufhören, uns auf das zu lösende Problem zu konzentrieren. Viel besser ist es, sich auf kleine positive Veränderungen zu konzentrieren, die bewirken, dass wir uns besser fühlen. So machen wir allmählich Fortschritte auf dem Weg unserer Selbstentdeckung und Selbstentfaltung. Kleine positive Veränderungen führen uns zu mehr Selbstliebe, Körperakzeptanz und einer positiven Sicht des Älterwerdens.«

Zum Thema Älterwerden möchte ich gerne mehr wissen. Ich frage Louise nach ihren größten Sorgen bezüglich des Alterns.

»Nun, manche Leute sorgen sich, weil sie ihr jugendliches Aussehen verlieren. Doch ich machte mir vor vielen Jahren Sorgen, dass ich meine geistigen Fähigkeiten verlieren könnte. Vermutlich wurde mir in der Kindheit eine negative Botschaft vermittelt, durch die sich diese Angst in mir festsetzte. Das habe ich schon lange überwunden, und heute weiß ich, wie ich meinen Geist durch gute Gedanken und gute Ernährung gesund erhalten kann. Wenn Sie sich schlecht ernähren, sind gesundheitliche Probleme im Alter vorprogrammiert. Heute gilt meine Hauptsorge dem Erhalt meiner Gesundheit. Darum sorge ich gut für mich.«

Wir alle sehen uns unterschiedlichen Herausforderungen gegenüber, wenn wir altern. Als ich auf die fünfzig zuging, erging es auch mir so, dass ich in den Spiegel schaute und mich beim Anblick neuer Falten und schlaffer Haut traurig oder unzufrieden fühlte. Etwas anderes bereitete mir aber viel mehr Sorge – die Vorstellung, ich könnte meine Energie einbüßen. Ich hatte immer eine Menge Energie und war stolz darauf, Ziele zu erreichen und zu Hause und im Beruf tatkräftig Aufgaben zu erledigen. Als ich merkte, dass meine Energie etwas nachließ, führte ich das auf das Älterwerden zurück und fing an, mir Sorgen zu machen.

War das der Anfang vom Ende meiner produktiven Jahre? Musste ich mich von nun an noch disziplinierter ernähren und noch mehr Sport treiben, um mein Energielevel zu halten? Oder musste ich mich mit der Realität

abfinden, dass wir alle langsamer und weniger leistungsfähig werden, wenn wir altern?

Im letzten Jahr bin ich nun dahin gelangt, Energie auf
eine ganz neue Weise zu verstehen. Ja, eine gute Selbst-
fürsorge ist wichtig, aber ich sehe nun die Geschenke,
die das Älterwerden bereithält: Ich verfüge heute über
die geistige Präsenz, mir mehr Zeit zu lassen und meine
Energie gezielter zu nutzen. Alter und Erfahrung ermöglichen es mir, meine kostbare Energie den Dingen zu
widmen, die am wichtigsten sind – eine gute Selbstfür-
sorge, gute Freundschaften, genug Zeit für mich allein,
um spirituell aufzutanken, und Formen des kreativen
Selbstausdrucks, die meine Seele nähren.

Es geht nichts über eine tickende Uhr, um uns daran
zu erinnern, uns weniger um die banalen Details des Lebens zu sorgen oder darum, was andere Leute denken.
Das ist das wahre Geschenk des Alters. Das und die Tatsache, dass ich viel offener dafür geworden bin, mich vom
Leben führen zu lassen – statt zu versuchen, das Leben
mit meinem alten, erfolgshungrigen, hyperaktiven Selbst
zu kontrollieren. Zwar sehe ich nicht mehr so jung aus
wie vor zehn Jahren, aber ich habe eine neue Art von
Schönheit erlangt – die Schönheit der Weisheit.

»Lustig ist, dass Sie heute weniger Falten haben«, sagt
Louise mit einem leisen Kichern. »Es ist doch so, dass
Menschen, die sich große Sorgen wegen des Altwerdens
und ihres Aussehens machen, sehr angespannt sind.
Wenn wir Frieden mit dem Alterungsprozess schließen,
geht es uns darum, glücklich zu sein und uns wohl in
unserer Haut zu fühlen.

Zwanzig, dreißig, vierzig oder fünfzig werden Sie nie

wieder sein. Sie werden sein, wo Sie sind. Wenn Sie sich auf Fotos betrachten, die vor zehn Jahren aufgenommen wurden, denken Sie vielleicht: Mein Gott, sah ich da gut aus. Aber damals haben Sie bestimmt gedacht, niemals gut genug auszusehen. Wir sehen sowieso immer viel besser aus, als wir glauben, und wir sollten das wertschätzen, hier und jetzt.«

»Ich spüre auch, dass ich sanfter und einfühlsamer mit mir selbst umgehe«, sage ich. »Und ich habe den Eindruck, dass ich heute für die Menschen in meiner Nähe viel umgänglicher bin.«

»Das bemerke ich bei mir genauso«, sagt Louise. »Gestern musste ich zu einer Besprechung fahren. Als ich mich auf der Rückfahrt befand, blockierte ein Lastwagen die Straße, sodass ich einen Umweg machen musste. Ich musste mehrere Male abbiegen und wusste nicht mehr genau, wo ich war, wusste aber genau, wo ich hinwollte. Früher hätte ich mich geärgert, aber jetzt sagte ich mir einfach: ›Das ist okay. Alles in Ordnung. Du bist diese Straße noch nie gefahren, und es ist hier wirklich schön. Genieße also die Umgebung, und dann kommst du schon dorthin, wo du hinwillst.‹ Und plötzlich gelangte ich dann tatsächlich wieder auf die richtige Straße.«

»Beobachten Sie denn fortwährend Ihre Gedanken und Handlungen und nehmen Veränderungen daran vor? Ist das der Grund dafür, dass Sie, wie mir scheint, dem Leben so viel Neugierde entgegenbringen?«

»Ich bin in der Tat wissbegierig, und das hat mir sehr geholfen, im Herzen jung zu bleiben. Ich liebe es, mich weiterzubilden, neue Dinge zu lernen. Ich warte schon darauf, dass mir etwas Neues über den Weg läuft, sodass ich wieder ein Seminar belegen kann. Auch höre ich den Menschen gerne zu – was sie sagen, wie sie ihr Selbst zum Ausdruck bringen. Ich interessiere mich sehr für andere, aber ich achte auch aufmerksam darauf, wie ich mit mir selbst spreche. Je mehr wir uns selbst zuhören und positive Veränderungen in unserem inneren Dialog vornehmen, desto interessanter wird das Leben.«

Wenn ich Louise zuhöre, wird mir klar, dass ihr unstillbarer Wissensdurst unmittelbar dafür verantwortlich ist, dass sie in ihrem Alter noch so vital und voller Energie ist. Wenn wir gerne lernen – wenn wir uns unserem persönlichen Wachstum verschreiben und auch dementsprechend aktiv handeln –, bleiben wir bis ins hohe Alter auf sinnvolle, erfüllte Weise engagiert. Wir fühlen dann eine starke Verbundenheit zu uns selbst, zu anderen Menschen und jener größeren Energiequelle, die man Leben nennt. Wir leben im Einklang mit unserem tieferen Wesenskern, jenem Teil von uns, der zeitlos und endlos ist. Dadurch sind wir im Fluss, und alles fügt sich harmonisch ineinander.

Ich frage Louise, welche Glaubenssätze sich für sie im Hinblick auf das Älterwerden als besonders nützlich erwiesen haben. Sie schenkt mir ein strahlendes Lächeln.

»Ich glaube, dass ich ein großes, starkes, gesundes Mädchen mit ganz viel guter Energie bin. Ich bin sehr glücklich, so viel Energie zu haben, so leben zu können, wie ich es mir wünsche, und mich an der Gesellschaft wunderbarer Freundinnen und Freunde erfreuen zu können. Ich glaube, dass das Leben mich liebt. Ich glaube, dass ich stets sicher und geborgen bin. Ich glaube, dass mich ausschließlich gute Erfahrungen erwarten. Ich segne meine Mitmenschen und glaube, dass das Leben mich segnet und gedeihen lässt. Ich weiß, dass alles gut ist in meiner Welt.

Außerdem glaube ich, dass es wichtiger ist zu lachen, als sich vor Falten zu fürchten. Ich lache heute viel mehr. Es gibt weniger Dinge, die mich aufregen oder ärgern. Ich fühle mich heute freier als in meiner Kindheit. Es ist, als ob meine guten Gedanken mich in einen Zustand der Unschuld zurückgeführt haben, der ein tiefes Glücksgefühl erzeugt. Ich kann heute viel mehr über mich selbst lachen und albere gerne herum. Ich habe eine Geisteshaltung kultiviert, die es mir ermöglicht, das Leben im bestmöglichen Licht zu sehen. Diese positive, liebevolle, dankbare Perspektive zieht so viel Gutes in mein Leben – es ist einfach großartig! Und darum ist dies bislang mein bei Weitem bestes Lebensjahrzehnt.«

»Und wie sieht es mit Ihren spirituellen Glaubenssätzen aus? Welche Rolle spielen sie heute in Ihrem Leben?«

»Das ist interessant. Ich bin völlig ohne Religion aufgewachsen, und die Entdeckung der Spiritualität gehörte zum Besten, was mir passiert ist. Mir wurden als Kind keine religiösen Dogmen eingetrichtert, die ich erst wieder hätte verlernen müssen. Als ich in der Kirche der Religiösen Wissenschaft in die metaphysische Welt eingeführt wurde, leuchtete mir diese Lehre auf Anhieb ein – der Glaube, dass wir alle Ausdrucksformen der Göttlichen Intelligenz sind und dass wir erschaffen können, was wir uns wünschen, wenn wir uns mit dieser Intelligenz in Einklang bringen. Ich bin damals oft in diese Kirche gegangen und habe deren Lehre regelrecht aufgesogen. Aber heute ist mein Garten meine Kirche. Ich gehe nach draußen und arbeite dort, und dabei finde ich Frieden. Wenn in der Nähe ein fantastischer Pfarrer oder Lehrer einen Vortrag hält, gehe ich manchmal hin und höre es mir an, aber ich habe schon eine Menge gehört. Heute lebe ich es.«

Es wird Zeit, denn wir müssen zu einer Autorenparty, die Hay House für das Team ausrichtet, das auf der Konferenz sprechen wird. Doch Louise gibt mir und unseren Lesern noch einen wichtigen Rat zum Thema Gesundheit und Alter mit auf den Weg.

»Wir sollten es uns noch viel mehr angewöhnen, einander zu berühren. Wir alle brauchen mehr Umarmungen. Ich weiß ja, dass viele Menschen sich keine Körpertherapien leisten können, aber Umarmungen können wir uns immer leisten. In den Hayride-Gruppen haben wir uns immer viel umarmt, und das zauberte stets ein Lächeln in die Gesichter der Teilnehmer. Umarmungen halten uns jung und glücklich.«

Und dann steht sie auf, kommt zu mir und umarmt mich herzlich. Als ich die Kraft in ihren Armen und das Lächeln in ihrem Herzen spüre, denke ich: Oh ja, das ist wirklich ein guter Weg, uns das Altwerden leichter zu machen!

Quellenangaben

Vorwort: aus: Die innere Ruhe finden, S. 15, S. 27
Neuausgabe im Ullstein Taschenbuch. 1. Auflage August 2004, 6. Auflage 2016
© der deutschen Ausgabe 2004 by Ullstein Buchverlage GmbH
© der deutschsprachigen Ausgabe 1996 by Wilhelm Heyne Verlag GmbH & Co. KG München
© der Originalausgabe 1993 by John Columbus Taylor
Aus dem Amerikanischen von Thomas Görden

1. Kapitel: aus: Das Leben lieben, S. 145–172
Neuausgabe im Ullstein Taschenbuch. 1. Auflage November 2004, 9. Auflage 2017
© 2004 by Ullstein Buchverlage GmbH
© der deutschsprachigen Ausgabe 1996 by Wilhelm Heyne Verlag GmbH & Co. KG, München
© 1995 by Louise Hay
Aus dem Amerikanischen von Thomas Görden

2. Kapitel: aus: Finde deine Lebenskraft, S. 167–179
Neuausgabe im Ullstein Taschenbuch, 1. Auflage Oktober 2016
© für die deutsche Ausgabe by Ullstein Buchverlage GmbH, Berlin 2004
© für die Originalausgabe YOU CAN HEAL YOUR LIFE COMPANION BOOK by Louise Hay 2002
Aus dem Amerikanischen von Thomas Görden

3. Kapitel: aus: Meditationen für Körper und Seele, S. 17, S. 29, S. 59, S. 67, S. 69, S. 97, S.107, S. 133, S. 221, S. 227, S. 235
Neuausgabe im Ullstein Taschenbuch, 1. Auflage Februar 2013, 3. Auflage 2016
© der deutschsprachigen Ausgabe 2005 by Ullstein Buchverlage GmbH, Berlin
© der Originalausgabe MEDITATIONS TO HEAL YOUR LIFE 2002 by Louise L. Hay
Aus dem Amerikanischen von Thomas Görden

4. Kapitel: aus: Die Kraft einer Frau, S. 113–140
Neuausgabe im Ullstein Taschenbuch, 1. Auflage August 2004, 8. Auflage 2016
© der deutschen Ausgabe Ullstein Buchverlage GmbH, Berlin 2004
© der deutschsprachigen Ausgabe 1997 by Wilhelm Heyne Verlag GmbH & Co. KG, München
© der Originalausgabe 1997 by Louise L. Hay
Aus dem Amerikanischen von Thomas Görden

5. Kapitel: aus: Die Kraft einer Frau, S. 73–92
Neuausgabe im Ullstein Taschenbuch, 1. Auflage August 2004, 8. Auflage 2016
© der deutschen Ausgabe Ullstein Buchverlage GmbH, Berlin 2004
© der deutschsprachigen Ausgabe 1997 by Wilhelm Heyne Verlag GmbH & Co. KG, München
© der Originalausgabe 1997 by Louise L. Hay
Aus dem Amerikanischen von Thomas Görden

Affirmation »Zur Stärkung unserer Gesundheit und für eine liebevolle Beziehung zu unserem Körper« aus: Ist das Leben nicht wunderbar!, S. 213–214
Neuausgabe im Ullstein Taschenbuch, 1. Auflage November 2014, 5. Auflage 2017
© der deutschsprachigen Ausgabe 2012 by Ullstein Buchverlage GmbH, Berlin
© der Originalausgabe YOU CAN CREATE AN EXCEPTIONAL LIFE 2011 by Louise Hay and Cheryl Richardson
Aus dem Amerikanischen von Thomas Görden

6. Kapitel: aus: Wahre Kraft kommt von innen!, S. 147–159
Neuausgabe im Ullstein Taschenbuch, 1. Auflage Februar 2013, 6. Auflage 2016
© der deutschsprachigen Ausgabe 2004 by Ullstein Buchverlage GmbH, Berlin
© der Originalausgabe THE POWER IS WITHIN YOU 1991 by Louise L. Hay
Aus dem Amerikanischen von Thomas Görden

7. Kapitel: aus: Wahre Kraft kommt von innen!, S. 85, S. 135–146,
Neuausgabe im Ullstein Taschenbuch, 1. Auflage Februar 2013, 6. Auflage 2016

© der deutschsprachigen Ausgabe 2004 by Ullstein Buchverlage GmbH, Berlin

© der Originalausgabe THE POWER IS WITHIN YOU 1991 by Louise L. Hay

Aus dem Amerikanischen von Thomas Görden

8. Kapitel: aus: Du selbst bist die Antwort, S. 30–42, S. 300–302

1. Auflage Dezember 2004, 2. Auflage 2014

© 2004 by Ullstein Buchverlage GmbH, Berlin

© der deutschsprachigen Ausgabe 1999 by Wilhelm Heyne Verlag GmbH & Co. KG, München

© 1998 by Louise L. Hay

Aus dem Amerikanischen von Thomas Görden

9. Kapitel aus: Gesundheit für Körper und Seele, S. 351–362

1. Auflage März 2010, 9. Auflage 2016

© 2005 by Ullstein Buchverlage GmbH, Berlin

© 1999 by Louise L. Hay

Aus dem Amerikanischen von Viktoria Renner, Karl Friedrich Hörner, Thomas Görden

10. Kapitel: aus: Das Leben lieben, S. 185–223

Neuausgabe im Ullstein Taschenbuch. 1.Auflage November 2004, 9. Auflage 2017

© 2004 by Ullstein Buchverlage GmbH

© der deutschsprachigen Ausgabe 1996 by Wilhelm Heyne Verlag GmbH & Co. KG, München

©1995 by Louise Hay

Aus dem Amerikanischen von Thomas Görden

Nachwort: aus: Ist das Leben nicht wunderbar!, S. 159–182

Neuausgabe im Ullstein Taschenbuch, 1. Auflage November 2014, 5. Auflage 2017

© der deutschsprachigen Ausgabe 2012 by Ullstein Buchverlage GmbH, Berlin

© der Originalausgabe YOU CAN CREATE AN EXCEPTIONAL LIFE 2011 by Louise Hay and Cheryl Richardson

Aus dem Amerikanischen von Thomas Görden

Jacqueline Le Saunier

Intuition –
Dein Powertool
Das 5-Schritte-Programm
zu deiner inneren Stärke

Spiritualität.
Klappenbroschur.
Auch als E-Book erhältlich.
www.ullstein-buchverlage.de

Intuitiv erfolgreich sein!

Das Herz ist der Schlüssel zum wahren Sein des Menschen, ist der Sitz der Intuition. Nur wer weiß, was das Herz braucht und dann auch danach handelt, kann im Leben wahrhaft glücklich und erfolgreich sein.

Das Buch bietet eine 5-Schritte-Technik zu jenem eigenen, in vielen von uns unter Alltagsmustern verloren gegangenen Gefühl an: der eigenen Intuition, jenem Powertool der plötzlichen Eingebung.

Was wir intuitiv spüren, führt oft zur besten Entscheidung. Und wie man dieses Gespür nutzt und in allen Lebenssituationen anwendet, vermittelt die bekannte spirituelle Trainerin nun erstmals in Buchform.

allegria